TABLE OF CONTEI

MULTIPLICATION CHART

X	0	1	2	3	4	5	6	7	8	9	10	11	12
0													
1													
2													
3													
4													
5													
6													
7													
8													
9													
10													
11													
12													

1 TIMES TABLE

DAY 1   TIME: SCORE: /25

1)
  1
x10
____

2)
  10
 x1
____

3)
  3
x 1
____

4)
  1
x 6
____

5)
  5
x 1
____

6)
  1
x 9
____

7)
  9
x 1
____

8)
  1
x 4
____

9)
  2
x 1
____

10)
  11
 x1
____

11)
  1
x12
____

12)
  1
x 2
____

13)
  1
x11
____

14)
  7
x 1
____

15)
  1
x 1
____

16)
  4
x 1
____

17)
  6
x 1
____

18)
  0
x 1
____

19)
  1
x 3
____

20)
  1
x 5
____

21)
  1
x 7
____

22)
  1
x 8
____

23)
  12
 x1
____

24)
  8
x 1
____

25)
  1
x 0
____

DAY 2   TIME: SCORE: /25

1) 4
x 1
___

2) 5
x 1
___

3) 12
x1
___

4) 10
x1
___

5) 1
x 9
___

6) 1
x11
___

7) 6
x 1
___

8) 1
x 3
___

9) 1
x 7
___

10) 8
x 1
___

11) 1
x12
___

12) 9
x 1
___

13) 1
x 2
___

14) 1
x 1
___

15) 0
x 1
___

16) 1
x 0
___

17) 11
x1
___

18) 3
x 1
___

19) 1
x 8
___

20) 1
x 4
___

21) 7
x 1
___

22) 1
x10
___

23) 2
x 1
___

24) 1
x 5
___

25) 1
x 6
___

DAY 3   TIME: SCORE: /25

1) 1
  x 8
___

2) 10
  x1
___

3) 3
  x 1
___

4) 1
  x 9
___

5) 1
  x11
___

6) 1
  x10
___

7) 1
  x 2
___

8) 1
  x 1
___

9) 5
  x 1
___

10) 1
   x 3
___

11) 1
   x 0
___

12) 12
   x1
___

13) 7
   x 1
___

14) 1
   x 5
___

15) 1
   x 7
___

16) 9
   x 1
___

17) 8
   x 1
___

18) 4
   x 1
___

19) 6
   x 1
___

20) 1
   x 6
___

21) 1
   x12
___

22) 2
   x 1
___

23) 1
   x 4
___

24) 11
   x1
___

25) 0
   x 1
___

DAY 4   TIME: SCORE: /25

1) 8
x 1

2) 1
x 9

3) 1
x 7

4) 9
x 1

5) 1
x12

6) 7
x 1

7) 1
x 5

8) 1
x11

9) 6
x 1

10) 1
x 4

11) 1
x 3

12) 1
x 8

13) 12
x1

14) 3
x 1

15) 11
x1

16) 1
x 1

17) 1
x 6

18) 5
x 1

19) 1
x10

20) 2
x 1

21) 1
x 0

22) 0
x 1

23) 1
x 2

24) 10
x1

25) 4
x 1

DAY 5   TIME: SCORE: /25

1)
$$\begin{array}{r} 1 \\ \times 11 \\ \hline \end{array}$$

2)
$$\begin{array}{r} 1 \\ \times 12 \\ \hline \end{array}$$

3)
$$\begin{array}{r} 1 \\ \times\ 8 \\ \hline \end{array}$$

4)
$$\begin{array}{r} 1 \\ \times\ 5 \\ \hline \end{array}$$

5)
$$\begin{array}{r} 1 \\ \times\ 3 \\ \hline \end{array}$$

6)
$$\begin{array}{r} 1 \\ \times\ 7 \\ \hline \end{array}$$

7)
$$\begin{array}{r} 7 \\ \times\ 1 \\ \hline \end{array}$$

8)
$$\begin{array}{r} 0 \\ \times\ 1 \\ \hline \end{array}$$

9)
$$\begin{array}{r} 4 \\ \times\ 1 \\ \hline \end{array}$$

10)
$$\begin{array}{r} 1 \\ \times\ 0 \\ \hline \end{array}$$

11)
$$\begin{array}{r} 1 \\ \times\ 9 \\ \hline \end{array}$$

12)
$$\begin{array}{r} 11 \\ \times 1 \\ \hline \end{array}$$

13)
$$\begin{array}{r} 2 \\ \times\ 1 \\ \hline \end{array}$$

14)
$$\begin{array}{r} 5 \\ \times\ 1 \\ \hline \end{array}$$

15)
$$\begin{array}{r} 1 \\ \times\ 4 \\ \hline \end{array}$$

16)
$$\begin{array}{r} 1 \\ \times\ 6 \\ \hline \end{array}$$

17)
$$\begin{array}{r} 1 \\ \times\ 2 \\ \hline \end{array}$$

18)
$$\begin{array}{r} 12 \\ \times 1 \\ \hline \end{array}$$

19)
$$\begin{array}{r} 3 \\ \times\ 1 \\ \hline \end{array}$$

20)
$$\begin{array}{r} 1 \\ \times 10 \\ \hline \end{array}$$

21)
$$\begin{array}{r} 9 \\ \times\ 1 \\ \hline \end{array}$$

22)
$$\begin{array}{r} 1 \\ \times\ 1 \\ \hline \end{array}$$

23)
$$\begin{array}{r} 10 \\ \times 1 \\ \hline \end{array}$$

24)
$$\begin{array}{r} 8 \\ \times\ 1 \\ \hline \end{array}$$

25)
$$\begin{array}{r} 6 \\ \times\ 1 \\ \hline \end{array}$$

DAY 6   TIME: SCORE: /25

1)
```
    1
x11
____
```

2)
```
    1
x   0
____
```

3)
```
    1
x12
____
```

4)
```
    0
x   1
____
```

5)
```
    7
x   1
____
```

6)
```
    1
x   3
____
```

7)
```
    6
x   1
____
```

8)
```
    1
x   7
____
```

9)
```
    1
x   2
____
```

10)
```
    4
x   1
____
```

11)
```
    3
x   1
____
```

12)
```
  12
x1
____
```

13)
```
  11
x1
____
```

14)
```
    1
x10
____
```

15)
```
    1
x   9
____
```

16)
```
    1
x   1
____
```

17)
```
    1
x   6
____
```

18)
```
    8
x   1
____
```

19)
```
    5
x   1
____
```

20)
```
    9
x   1
____
```

21)
```
  10
x1
____
```

22)
```
    1
x   5
____
```

23)
```
    1
x   8
____
```

24)
```
    1
x   4
____
```

25)
```
    2
x   1
____
```

2 TIMES TABLE

DAY 7   TIME: SCORE: /25

1)
$$\begin{array}{r} 2 \\ \times 10 \\ \hline \end{array}$$

2)
$$\begin{array}{r} 12 \\ \times 2 \\ \hline \end{array}$$

3)
$$\begin{array}{r} 5 \\ \times\ 2 \\ \hline \end{array}$$

4)
$$\begin{array}{r} 2 \\ \times\ 8 \\ \hline \end{array}$$

5)
$$\begin{array}{r} 6 \\ \times\ 2 \\ \hline \end{array}$$

6)
$$\begin{array}{r} 8 \\ \times\ 2 \\ \hline \end{array}$$

7)
$$\begin{array}{r} 2 \\ \times 11 \\ \hline \end{array}$$

8)
$$\begin{array}{r} 1 \\ \times\ 2 \\ \hline \end{array}$$

9)
$$\begin{array}{r} 10 \\ \times 2 \\ \hline \end{array}$$

10)
$$\begin{array}{r} 7 \\ \times\ 2 \\ \hline \end{array}$$

11)
$$\begin{array}{r} 2 \\ \times\ 4 \\ \hline \end{array}$$

12)
$$\begin{array}{r} 2 \\ \times\ 0 \\ \hline \end{array}$$

13)
$$\begin{array}{r} 3 \\ \times\ 2 \\ \hline \end{array}$$

14)
$$\begin{array}{r} 2 \\ \times\ 7 \\ \hline \end{array}$$

15)
$$\begin{array}{r} 9 \\ \times\ 2 \\ \hline \end{array}$$

16)
$$\begin{array}{r} 0 \\ \times\ 2 \\ \hline \end{array}$$

17)
$$\begin{array}{r} 2 \\ \times\ 9 \\ \hline \end{array}$$

18)
$$\begin{array}{r} 2 \\ \times\ 3 \\ \hline \end{array}$$

19)
$$\begin{array}{r} 2 \\ \times\ 2 \\ \hline \end{array}$$

20)
$$\begin{array}{r} 11 \\ \times 2 \\ \hline \end{array}$$

21)
$$\begin{array}{r} 2 \\ \times\ 1 \\ \hline \end{array}$$

22)
$$\begin{array}{r} 4 \\ \times\ 2 \\ \hline \end{array}$$

23)
$$\begin{array}{r} 2 \\ \times\ 6 \\ \hline \end{array}$$

24)
$$\begin{array}{r} 2 \\ \times 12 \\ \hline \end{array}$$

25)
$$\begin{array}{r} 2 \\ \times\ 5 \\ \hline \end{array}$$

DAY 8   TIME: SCORE: /25

1)
```
    2
x   4
____
```

2)
```
    2
x  10
____
```

3)
```
    2
x   0
____
```

4)
```
    2
x   9
____
```

5)
```
    2
x   2
____
```

6)
```
    2
x   3
____
```

7)
```
    2
x   7
____
```

8)
```
    4
x   2
____
```

9)
```
    2
x   8
____
```

10)
```
    2
x  11
____
```

11)
```
    5
x   2
____
```

12)
```
    2
x   5
____
```

13)
```
    9
x   2
____
```

14)
```
    7
x   2
____
```

15)
```
    2
x  12
____
```

16)
```
   11
x   2
____
```

17)
```
    3
x   2
____
```

18)
```
    1
x   2
____
```

19)
```
    0
x   2
____
```

20)
```
    8
x   2
____
```

21)
```
    2
x   6
____
```

22)
```
    2
x   1
____
```

23)
```
   12
x   2
____
```

24)
```
   10
x   2
____
```

25)
```
    6
x   2
____
```

DAY 9   **TIME:**   **SCORE:** ___ **/25**

1)
$$\begin{array}{r} 2 \\ \times\ 2 \\ \hline \end{array}$$

2)
$$\begin{array}{r} 2 \\ \times\ 5 \\ \hline \end{array}$$

3)
$$\begin{array}{r} 4 \\ \times\ 2 \\ \hline \end{array}$$

4)
$$\begin{array}{r} 5 \\ \times\ 2 \\ \hline \end{array}$$

5)
$$\begin{array}{r} 7 \\ \times\ 2 \\ \hline \end{array}$$

6)
$$\begin{array}{r} 2 \\ \times\ 9 \\ \hline \end{array}$$

7)
$$\begin{array}{r} 11 \\ \times 2 \\ \hline \end{array}$$

8)
$$\begin{array}{r} 2 \\ \times 12 \\ \hline \end{array}$$

9)
$$\begin{array}{r} 2 \\ \times\ 1 \\ \hline \end{array}$$

10)
$$\begin{array}{r} 1 \\ \times\ 2 \\ \hline \end{array}$$

11)
$$\begin{array}{r} 10 \\ \times 2 \\ \hline \end{array}$$

12)
$$\begin{array}{r} 2 \\ \times\ 0 \\ \hline \end{array}$$

13)
$$\begin{array}{r} 3 \\ \times\ 2 \\ \hline \end{array}$$

14)
$$\begin{array}{r} 2 \\ \times 10 \\ \hline \end{array}$$

15)
$$\begin{array}{r} 2 \\ \times\ 6 \\ \hline \end{array}$$

16)
$$\begin{array}{r} 2 \\ \times\ 8 \\ \hline \end{array}$$

17)
$$\begin{array}{r} 2 \\ \times 11 \\ \hline \end{array}$$

18)
$$\begin{array}{r} 2 \\ \times\ 3 \\ \hline \end{array}$$

19)
$$\begin{array}{r} 0 \\ \times\ 2 \\ \hline \end{array}$$

20)
$$\begin{array}{r} 6 \\ \times\ 2 \\ \hline \end{array}$$

21)
$$\begin{array}{r} 9 \\ \times\ 2 \\ \hline \end{array}$$

22)
$$\begin{array}{r} 2 \\ \times\ 4 \\ \hline \end{array}$$

23)
$$\begin{array}{r} 8 \\ \times\ 2 \\ \hline \end{array}$$

24)
$$\begin{array}{r} 2 \\ \times\ 7 \\ \hline \end{array}$$

25)
$$\begin{array}{r} 12 \\ \times 2 \\ \hline \end{array}$$

DAY 10　　TIME:　　SCORE: /25

1)
$$\begin{array}{r} 2 \\ \times\ 5 \\ \hline \end{array}$$

2)
$$\begin{array}{r} 5 \\ \times\ 2 \\ \hline \end{array}$$

3)
$$\begin{array}{r} 2 \\ \times\ 2 \\ \hline \end{array}$$

4)
$$\begin{array}{r} 2 \\ \times\ 3 \\ \hline \end{array}$$

5)
$$\begin{array}{r} 2 \\ \times 11 \\ \hline \end{array}$$

6)
$$\begin{array}{r} 10 \\ \times 2 \\ \hline \end{array}$$

7)
$$\begin{array}{r} 2 \\ \times\ 4 \\ \hline \end{array}$$

8)
$$\begin{array}{r} 12 \\ \times 2 \\ \hline \end{array}$$

9)
$$\begin{array}{r} 2 \\ \times\ 6 \\ \hline \end{array}$$

10)
$$\begin{array}{r} 1 \\ \times\ 2 \\ \hline \end{array}$$

11)
$$\begin{array}{r} 2 \\ \times\ 0 \\ \hline \end{array}$$

12)
$$\begin{array}{r} 8 \\ \times\ 2 \\ \hline \end{array}$$

13)
$$\begin{array}{r} 4 \\ \times\ 2 \\ \hline \end{array}$$

14)
$$\begin{array}{r} 2 \\ \times\ 7 \\ \hline \end{array}$$

15)
$$\begin{array}{r} 3 \\ \times\ 2 \\ \hline \end{array}$$

16)
$$\begin{array}{r} 2 \\ \times 10 \\ \hline \end{array}$$

17)
$$\begin{array}{r} 2 \\ \times\ 1 \\ \hline \end{array}$$

18)
$$\begin{array}{r} 2 \\ \times\ 8 \\ \hline \end{array}$$

19)
$$\begin{array}{r} 2 \\ \times 12 \\ \hline \end{array}$$

20)
$$\begin{array}{r} 11 \\ \times 2 \\ \hline \end{array}$$

21)
$$\begin{array}{r} 7 \\ \times\ 2 \\ \hline \end{array}$$

22)
$$\begin{array}{r} 0 \\ \times\ 2 \\ \hline \end{array}$$

23)
$$\begin{array}{r} 9 \\ \times\ 2 \\ \hline \end{array}$$

24)
$$\begin{array}{r} 6 \\ \times\ 2 \\ \hline \end{array}$$

25)
$$\begin{array}{r} 2 \\ \times\ 9 \\ \hline \end{array}$$

DAY 11   TIME: SCORE: /25

1) 1
 x 2

2) 2
 x 4

3) 5
 x 2

4) 2
 x 3

5) 2
 x 6

6) 2
 x 1

7) 9
 x 2

8) 12
 x2

9) 3
 x 2

10) 2
 x 0

11) 8
 x 2

12) 11
 x2

13) 2
 x 8

14) 4
 x 2

15) 2
 x 2

16) 2
 x 7

17) 10
 x2

18) 2
 x10

19) 2
 x12

20) 7
 x 2

21) 2
 x 5

22) 0
 x 2

23) 2
 x11

24) 6
 x 2

25) 2
 x 9

DAY 12   TIME: SCORE: /25

1)
```
  12
x  2
-----
```

2)
```
   3
x  2
-----
```

3)
```
   8
x  2
-----
```

4)
```
   1
x  2
-----
```

5)
```
  10
x  2
-----
```

6)
```
   6
x  2
-----
```

7)
```
   2
x  4
-----
```

8)
```
   2
x  2
-----
```

9)
```
   5
x  2
-----
```

10)
```
   0
x  2
-----
```

11)
```
   9
x  2
-----
```

12)
```
   2
x  3
-----
```

13)
```
   2
x 11
-----
```

14)
```
   2
x  8
-----
```

15)
```
   7
x  2
-----
```

16)
```
  11
x  2
-----
```

17)
```
   4
x  2
-----
```

18)
```
   2
x  1
-----
```

19)
```
   2
x 12
-----
```

20)
```
   2
x 10
-----
```

21)
```
   2
x  6
-----
```

22)
```
   2
x  9
-----
```

23)
```
   2
x  7
-----
```

24)
```
   2
x  5
-----
```

25)
```
   2
x  0
-----
```

3 TIMES TABLE

DAY 13   TIME: SCORE: /25

1)   3
  x11
_____

2)   3
  x12
_____

3)   5
  x 3
_____

4)   7
  x 3
_____

5)   3
  x 9
_____

6)   6
  x 3
_____

7) 11
  x3
_____

8)   4
  x 3
_____

9)   3
  x 1
_____

10)   0
  x 3
_____

11)   3
  x 2
_____

12)   3
  x 0
_____

13)   3
  x10
_____

14)   3
  x 8
_____

15)   8
  x 3
_____

16)   3
  x 4
_____

17)   1
  x 3
_____

18)   3
  x 6
_____

19)   9
  x 3
_____

20) 10
  x3
_____

21)   3
  x 7
_____

22) 12
  x3
_____

23)   3
  x 5
_____

24)   2
  x 3
_____

25)   3
  x 3
_____

1) 4
x 3
___

2) 3
x 2
___

3) 5
x 3
___

4) 9
x 3
___

5) 3
x 3
___

6) 11
x3
___

7) 3
x 1
___

8) 12
x3
___

9) 3
x 9
___

10) 3
x 6
___

11) 3
x 4
___

12) 3
x12
___

13) 3
x 7
___

14) 1
x 3
___

15) 10
x3
___

16) 6
x 3
___

17) 2
x 3
___

18) 8
x 3
___

19) 3
x 5
___

20) 0
x 3
___

21) 3
x10
___

22) 3
x 0
___

23) 3
x 8
___

24) 7
x 3
___

25) 3
x11
___

DAY 15   TIME: SCORE: /25

1)
```
    5
  x 3
  ___
```

2)
```
    3
  x 1
  ___
```

3)
```
    3
  x 4
  ___
```

4)
```
    3
  x 8
  ___
```

5)
```
   12
  x3
  ___
```

6)
```
    2
  x 3
  ___
```

7)
```
    8
  x 3
  ___
```

8)
```
    3
  x 5
  ___
```

9)
```
    3
  x12
  ___
```

10)
```
    3
  x 9
  ___
```

11)
```
    0
  x 3
  ___
```

12)
```
   10
  x3
  ___
```

13)
```
    3
  x 6
  ___
```

14)
```
    1
  x 3
  ___
```

15)
```
    3
  x 7
  ___
```

16)
```
    9
  x 3
  ___
```

17)
```
    7
  x 3
  ___
```

18)
```
    3
  x 0
  ___
```

19)
```
    6
  x 3
  ___
```

20)
```
   11
  x3
  ___
```

21)
```
    3
  x11
  ___
```

22)
```
    3
  x 2
  ___
```

23)
```
    3
  x 3
  ___
```

24)
```
    3
  x10
  ___
```

25)
```
    4
  x 3
  ___
```

1) 4
 x 3
___

2) 3
 x 4
___

3) 3
 x 3
___

4) 3
 x 1
___

5) 3
 x 2
___

6) 6
 x 3
___

7) 2
 x 3
___

8) 8
 x 3
___

9) 0
 x 3
___

10) 3
  x 7
___

11) 3
  x 9
___

12) 3
  x11
___

13) 3
  x 6
___

14) 3
  x 8
___

15) 12
  x3
___

16) 9
  x 3
___

17) 7
  x 3
___

18) 10
  x3
___

19) 3
  x12
___

20) 3
  x 0
___

21) 1
  x 3
___

22) 5
  x 3
___

23) 11
  x3
___

24) 3
  x10
___

25) 3
  x 5
___

DAY 17   **TIME:**   **SCORE:**   **/25**

1) 1
x 3

2) 12
x3

3) 3
x 0

4) 3
x 5

5) 3
x 7

6) 4
x 3

7) 5
x 3

8) 3
x 3

9) 6
x 3

10) 3
x 8

11) 3
x 2

12) 10
x3

13) 0
x 3

14) 3
x 4

15) 7
x 3

16) 3
x11

17) 11
x3

18) 3
x 6

19) 8
x 3

20) 2
x 3

21) 3
x10

22) 3
x 1

23) 3
x12

24) 3
x 9

25) 9
x 3

1)
$$3 \times 2$$

2)
$$3 \times 0$$

3)
$$5 \times 3$$

4)
$$4 \times 3$$

5)
$$9 \times 3$$

6)
$$3 \times 8$$

7)
$$3 \times 6$$

8)
$$12 \times 3$$

9)
$$2 \times 3$$

10)
$$3 \times 12$$

11)
$$8 \times 3$$

12)
$$3 \times 7$$

13)
$$3 \times 9$$

14)
$$3 \times 3$$

15)
$$10 \times 3$$

16)
$$3 \times 10$$

17)
$$1 \times 3$$

18)
$$0 \times 3$$

19)
$$7 \times 3$$

20)
$$11 \times 3$$

21)
$$6 \times 3$$

22)
$$3 \times 1$$

23)
$$3 \times 4$$

24)
$$3 \times 11$$

25)
$$3 \times 5$$

4 TIMES TABLE

DAY 19   TIME: SCORE: /25

1)
$$\begin{array}{r} 2 \\ \times\ 4 \\ \hline \end{array}$$

2)
$$\begin{array}{r} 4 \\ \times\ 1 \\ \hline \end{array}$$

3)
$$\begin{array}{r} 4 \\ \times 12 \\ \hline \end{array}$$

4)
$$\begin{array}{r} 4 \\ \times\ 2 \\ \hline \end{array}$$

5)
$$\begin{array}{r} 4 \\ \times\ 7 \\ \hline \end{array}$$

6)
$$\begin{array}{r} 0 \\ \times\ 4 \\ \hline \end{array}$$

7)
$$\begin{array}{r} 4 \\ \times\ 0 \\ \hline \end{array}$$

8)
$$\begin{array}{r} 4 \\ \times\ 8 \\ \hline \end{array}$$

9)
$$\begin{array}{r} 4 \\ \times\ 6 \\ \hline \end{array}$$

10)
$$\begin{array}{r} 4 \\ \times\ 4 \\ \hline \end{array}$$

11)
$$\begin{array}{r} 7 \\ \times\ 4 \\ \hline \end{array}$$

12)
$$\begin{array}{r} 4 \\ \times\ 5 \\ \hline \end{array}$$

13)
$$\begin{array}{r} 9 \\ \times\ 4 \\ \hline \end{array}$$

14)
$$\begin{array}{r} 4 \\ \times 10 \\ \hline \end{array}$$

15)
$$\begin{array}{r} 5 \\ \times\ 4 \\ \hline \end{array}$$

16)
$$\begin{array}{r} 4 \\ \times\ 3 \\ \hline \end{array}$$

17)
$$\begin{array}{r} 1 \\ \times\ 4 \\ \hline \end{array}$$

18)
$$\begin{array}{r} 12 \\ \times 4 \\ \hline \end{array}$$

19)
$$\begin{array}{r} 10 \\ \times 4 \\ \hline \end{array}$$

20)
$$\begin{array}{r} 3 \\ \times\ 4 \\ \hline \end{array}$$

21)
$$\begin{array}{r} 6 \\ \times\ 4 \\ \hline \end{array}$$

22)
$$\begin{array}{r} 11 \\ \times 4 \\ \hline \end{array}$$

23)
$$\begin{array}{r} 8 \\ \times\ 4 \\ \hline \end{array}$$

24)
$$\begin{array}{r} 4 \\ \times\ 9 \\ \hline \end{array}$$

25)
$$\begin{array}{r} 4 \\ \times 11 \\ \hline \end{array}$$

DAY 20   **TIME:**   **SCORE:**   **/25**

1)
$$11 \times 4$$

2)
$$6 \times 4$$

3)
$$12 \times 4$$

4)
$$7 \times 4$$

5)
$$4 \times 2$$

6)
$$4 \times 10$$

7)
$$4 \times 9$$

8)
$$4 \times 3$$

9)
$$10 \times 4$$

10)
$$1 \times 4$$

11)
$$8 \times 4$$

12)
$$4 \times 0$$

13)
$$4 \times 6$$

14)
$$4 \times 11$$

15)
$$0 \times 4$$

16)
$$4 \times 5$$

17)
$$4 \times 4$$

18)
$$9 \times 4$$

19)
$$4 \times 12$$

20)
$$3 \times 4$$

21)
$$5 \times 4$$

22)
$$4 \times 1$$

23)
$$4 \times 8$$

24)
$$4 \times 7$$

25)
$$2 \times 4$$

DAY 21　　TIME:　　SCORE:　/25

1)
$$\begin{array}{r} 7 \\ \times\ 4 \\ \hline \end{array}$$

2)
$$\begin{array}{r} 4 \\ \times 11 \\ \hline \end{array}$$

3)
$$\begin{array}{r} 4 \\ \times 10 \\ \hline \end{array}$$

4)
$$\begin{array}{r} 4 \\ \times\ 5 \\ \hline \end{array}$$

5)
$$\begin{array}{r} 2 \\ \times\ 4 \\ \hline \end{array}$$

6)
$$\begin{array}{r} 4 \\ \times 12 \\ \hline \end{array}$$

7)
$$\begin{array}{r} 4 \\ \times\ 3 \\ \hline \end{array}$$

8)
$$\begin{array}{r} 8 \\ \times\ 4 \\ \hline \end{array}$$

9)
$$\begin{array}{r} 4 \\ \times\ 2 \\ \hline \end{array}$$

10)
$$\begin{array}{r} 9 \\ \times\ 4 \\ \hline \end{array}$$

11)
$$\begin{array}{r} 0 \\ \times\ 4 \\ \hline \end{array}$$

12)
$$\begin{array}{r} 4 \\ \times\ 6 \\ \hline \end{array}$$

13)
$$\begin{array}{r} 12 \\ \times 4 \\ \hline \end{array}$$

14)
$$\begin{array}{r} 11 \\ \times 4 \\ \hline \end{array}$$

15)
$$\begin{array}{r} 4 \\ \times\ 9 \\ \hline \end{array}$$

16)
$$\begin{array}{r} 4 \\ \times\ 1 \\ \hline \end{array}$$

17)
$$\begin{array}{r} 5 \\ \times\ 4 \\ \hline \end{array}$$

18)
$$\begin{array}{r} 4 \\ \times\ 0 \\ \hline \end{array}$$

19)
$$\begin{array}{r} 4 \\ \times\ 8 \\ \hline \end{array}$$

20)
$$\begin{array}{r} 3 \\ \times\ 4 \\ \hline \end{array}$$

21)
$$\begin{array}{r} 10 \\ \times 4 \\ \hline \end{array}$$

22)
$$\begin{array}{r} 4 \\ \times\ 7 \\ \hline \end{array}$$

23)
$$\begin{array}{r} 1 \\ \times\ 4 \\ \hline \end{array}$$

24)
$$\begin{array}{r} 6 \\ \times\ 4 \\ \hline \end{array}$$

25)
$$\begin{array}{r} 4 \\ \times\ 4 \\ \hline \end{array}$$

DAY 22   TIME: SCORE: /25

1)
```
     4
  x10
  ____
```

2)
```
     4
  x  8
  ____
```

3)
```
     0
  x  4
  ____
```

4)
```
     3
  x  4
  ____
```

5)
```
     4
  x  0
  ____
```

6)
```
   10
  x4
  ____
```

7)
```
     4
  x  2
  ____
```

8)
```
     7
  x  4
  ____
```

9)
```
     4
  x  9
  ____
```

10)
```
     4
  x  5
  ____
```

11)
```
     6
  x  4
  ____
```

12)
```
     4
  x  4
  ____
```

13)
```
     4
  x11
  ____
```

14)
```
     4
  x  1
  ____
```

15)
```
     8
  x  4
  ____
```

16)
```
     2
  x  4
  ____
```

17)
```
     4
  x  6
  ____
```

18)
```
     4
  x  7
  ____
```

19)
```
     9
  x  4
  ____
```

20)
```
   12
  x4
  ____
```

21)
```
     5
  x  4
  ____
```

22)
```
     4
  x12
  ____
```

23)
```
   11
  x4
  ____
```

24)
```
     4
  x  3
  ____
```

25)
```
     1
  x  4
  ____
```

DAY 23   TIME: SCORE: /25

1) 4
x 6

2) 8
x 4

3) 4
x 5

4) 4
x 8

5) 10
x4

6) 4
x 2

7) 4
x 1

8) 4
x12

9) 4
x 7

10) 4
x 4

11) 5
x 4

12) 6
x 4

13) 11
x4

14) 7
x 4

15) 4
x 3

16) 1
x 4

17) 9
x 4

18) 12
x4

19) 0
x 4

20) 4
x 9

21) 4
x11

22) 4
x10

23) 3
x 4

24) 2
x 4

25) 4
x 0

1) 4
x 9

2) 4
x 6

3) 3
x 4

4) 4
x11

5) 4
x 1

6) 4
x12

7) 11
x4

8) 6
x 4

9) 4
x10

10) 4
x 2

11) 1
x 4

12) 4
x 0

13) 7
x 4

14) 2
x 4

15) 4
x 3

16) 4
x 7

17) 4
x 8

18) 12
x4

19) 4
x 5

20) 0
x 4

21) 8
x 4

22) 10
x4

23) 9
x 4

24) 4
x 4

25) 5
x 4

5 TIMES TABLE

DAY 25   TIME: SCORE: /25

1) 1
x 5
———

2) 4
x 5
———

3) 12
x5
———

4) 5
x 8
———

5) 8
x 5
———

6) 6
x 5
———

7) 5
x 1
———

8) 7
x 5
———

9) 0
x 5
———

10) 5
x 5
———

11) 5
x12
———

12) 5
x10
———

13) 5
x 6
———

14) 5
x 4
———

15) 5
x 2
———

16) 2
x 5
———

17) 11
x5
———

18) 5
x 3
———

19) 5
x 9
———

20) 9
x 5
———

21) 5
x 0
———

22) 10
x5
———

23) 3
x 5
———

24) 5
x 7
———

25) 5
x11
———

DAY 26   TIME: SCORE: /25

1) 5
  x 1

2) 5
  x 3

3) 5
  x 5

4) 5
  x 4

5) 5
  x11

6) 5
  x10

7) 7
  x 5

8) 2
  x 5

9) 5
  x 6

10) 0
   x 5

11) 4
   x 5

12) 12
   x5

13) 5
   x 7

14) 6
   x 5

15) 9
   x 5

16) 8
   x 5

17) 5
   x 9

18) 11
   x5

19) 10
   x5

20) 5
   x 0

21) 5
   x 8

22) 5
   x12

23) 1
   x 5

24) 5
   x 2

25) 3
   x 5

DAY 27   TIME: SCORE: /25

1) 5
  x 8

2) 12
  x5

3) 5
  x 4

4) 3
  x 5

5) 7
  x 5

6) 5
  x 0

7) 4
  x 5

8) 5
  x 6

9) 10
  x5

10) 6
   x 5

11) 9
   x 5

12) 1
   x 5

13) 5
   x 1

14) 5
   x 2

15) 0
   x 5

16) 5
   x11

17) 11
   x5

18) 5
   x 5

19) 5
   x 3

20) 5
   x 7

21) 5
   x12

22) 8
   x 5

23) 2
   x 5

24) 5
   x 9

25) 5
   x10

DAY 28　　TIME:　　SCORE:　/25

1)
```
    5
x   3
─────
```

2)
```
    7
x   5
─────
```

3)
```
    5
x   8
─────
```

4)
```
    5
x   2
─────
```

5)
```
    8
x   5
─────
```

6)
```
    2
x   5
─────
```

7)
```
    5
x   5
─────
```

8)
```
   10
  x5
─────
```

9)
```
    5
x   7
─────
```

10)
```
    5
  x10
─────
```

11)
```
   11
  x5
─────
```

12)
```
    4
x   5
─────
```

13)
```
    1
x   5
─────
```

14)
```
    5
  x12
─────
```

15)
```
    5
x   0
─────
```

16)
```
    3
x   5
─────
```

17)
```
    5
  x11
─────
```

18)
```
    5
x   4
─────
```

19)
```
    6
x   5
─────
```

20)
```
    5
x   6
─────
```

21)
```
    5
x   1
─────
```

22)
```
    5
x   9
─────
```

23)
```
    9
x   5
─────
```

24)
```
   12
  x5
─────
```

25)
```
    0
x   5
─────
```

DAY 29   TIME: SCORE: /25

1)
$$\begin{array}{r} 5 \\ \times\ 2 \\ \hline \end{array}$$

2)
$$\begin{array}{r} 0 \\ \times\ 5 \\ \hline \end{array}$$

3)
$$\begin{array}{r} 5 \\ \times\ 1 \\ \hline \end{array}$$

4)
$$\begin{array}{r} 5 \\ \times\ 7 \\ \hline \end{array}$$

5)
$$\begin{array}{r} 5 \\ \times\ 8 \\ \hline \end{array}$$

6)
$$\begin{array}{r} 8 \\ \times\ 5 \\ \hline \end{array}$$

7)
$$\begin{array}{r} 5 \\ \times\ 9 \\ \hline \end{array}$$

8)
$$\begin{array}{r} 5 \\ \times\ 4 \\ \hline \end{array}$$

9)
$$\begin{array}{r} 9 \\ \times\ 5 \\ \hline \end{array}$$

10)
$$\begin{array}{r} 5 \\ \times\ 6 \\ \hline \end{array}$$

11)
$$\begin{array}{r} 10 \\ \times 5 \\ \hline \end{array}$$

12)
$$\begin{array}{r} 5 \\ \times 11 \\ \hline \end{array}$$

13)
$$\begin{array}{r} 3 \\ \times\ 5 \\ \hline \end{array}$$

14)
$$\begin{array}{r} 1 \\ \times\ 5 \\ \hline \end{array}$$

15)
$$\begin{array}{r} 5 \\ \times\ 0 \\ \hline \end{array}$$

16)
$$\begin{array}{r} 5 \\ \times\ 5 \\ \hline \end{array}$$

17)
$$\begin{array}{r} 5 \\ \times\ 3 \\ \hline \end{array}$$

18)
$$\begin{array}{r} 5 \\ \times 12 \\ \hline \end{array}$$

19)
$$\begin{array}{r} 6 \\ \times\ 5 \\ \hline \end{array}$$

20)
$$\begin{array}{r} 7 \\ \times\ 5 \\ \hline \end{array}$$

21)
$$\begin{array}{r} 11 \\ \times 5 \\ \hline \end{array}$$

22)
$$\begin{array}{r} 4 \\ \times\ 5 \\ \hline \end{array}$$

23)
$$\begin{array}{r} 5 \\ \times 10 \\ \hline \end{array}$$

24)
$$\begin{array}{r} 12 \\ \times 5 \\ \hline \end{array}$$

25)
$$\begin{array}{r} 2 \\ \times\ 5 \\ \hline \end{array}$$

DAY 30   TIME: SCORE: /25

1)
$$\begin{array}{r} 8 \\ \times\ 5 \\ \hline \end{array}$$

2)
$$\begin{array}{r} 5 \\ \times\ 1 \\ \hline \end{array}$$

3)
$$\begin{array}{r} 5 \\ \times 10 \\ \hline \end{array}$$

4)
$$\begin{array}{r} 5 \\ \times\ 0 \\ \hline \end{array}$$

5)
$$\begin{array}{r} 5 \\ \times\ 2 \\ \hline \end{array}$$

6)
$$\begin{array}{r} 12 \\ \times 5 \\ \hline \end{array}$$

7)
$$\begin{array}{r} 5 \\ \times\ 4 \\ \hline \end{array}$$

8)
$$\begin{array}{r} 4 \\ \times\ 5 \\ \hline \end{array}$$

9)
$$\begin{array}{r} 5 \\ \times 12 \\ \hline \end{array}$$

10)
$$\begin{array}{r} 6 \\ \times\ 5 \\ \hline \end{array}$$

11)
$$\begin{array}{r} 5 \\ \times\ 6 \\ \hline \end{array}$$

12)
$$\begin{array}{r} 5 \\ \times 11 \\ \hline \end{array}$$

13)
$$\begin{array}{r} 2 \\ \times\ 5 \\ \hline \end{array}$$

14)
$$\begin{array}{r} 5 \\ \times\ 5 \\ \hline \end{array}$$

15)
$$\begin{array}{r} 5 \\ \times\ 8 \\ \hline \end{array}$$

16)
$$\begin{array}{r} 3 \\ \times\ 5 \\ \hline \end{array}$$

17)
$$\begin{array}{r} 10 \\ \times 5 \\ \hline \end{array}$$

18)
$$\begin{array}{r} 5 \\ \times\ 3 \\ \hline \end{array}$$

19)
$$\begin{array}{r} 9 \\ \times\ 5 \\ \hline \end{array}$$

20)
$$\begin{array}{r} 5 \\ \times\ 9 \\ \hline \end{array}$$

21)
$$\begin{array}{r} 1 \\ \times\ 5 \\ \hline \end{array}$$

22)
$$\begin{array}{r} 11 \\ \times 5 \\ \hline \end{array}$$

23)
$$\begin{array}{r} 0 \\ \times\ 5 \\ \hline \end{array}$$

24)
$$\begin{array}{r} 7 \\ \times\ 5 \\ \hline \end{array}$$

25)
$$\begin{array}{r} 5 \\ \times\ 7 \\ \hline \end{array}$$

6 TIMES TABLE

DAY 31

TIME: SCORE: /25

1)
5
x 6

2)
1
x 6

3)
6
x 8

4)
6
x10

5)
12
x6

6)
6
x12

7)
6
x 6

8)
6
x 7

9)
6
x 3

10)
11
x6

11)
6
x 2

12)
6
x 9

13)
9
x 6

14)
4
x 6

15)
7
x 6

16)
8
x 6

17)
0
x 6

18)
2
x 6

19)
6
x11

20)
10
x6

21)
3
x 6

22)
6
x 0

23)
6
x 1

24)
6
x 4

25)
6
x 5

DAY 32   TIME: SCORE: /25

1) 4
   x 6

2) 6
   x10

3) 6
   x 9

4) 6
   x 6

5) 6
   x 0

6) 10
   x6

7) 11
   x6

8) 6
   x 5

9) 6
   x 1

10) 12
   x6

11) 0
   x 6

12) 6
   x11

13) 6
   x 8

14) 6
   x 3

15) 6
   x 4

16) 5
   x 6

17) 7
   x 6

18) 8
   x 6

19) 6
   x 7

20) 9
   x 6

21) 6
   x12

22) 2
   x 6

23) 3
   x 6

24) 6
   x 2

25) 1
   x 6

DAY 33   TIME: SCORE: /25

1)
  3
x 6
_____

2)
  11
x6
_____

3)
  6
x11
_____

4)
  12
x6
_____

5)
  9
x 6
_____

6)
  1
x 6
_____

7)
  6
x 3
_____

8)
  8
x 6
_____

9)
  6
x 2
_____

10)
  6
x 0
_____

11)
  6
x 6
_____

12)
  6
x 8
_____

13)
  6
x 4
_____

14)
  6
x 1
_____

15)
  6
x 5
_____

16)
  6
x10
_____

17)
  10
x6
_____

18)
  4
x 6
_____

19)
  0
x 6
_____

20)
  7
x 6
_____

21)
  2
x 6
_____

22)
  6
x 9
_____

23)
  6
x12
_____

24)
  6
x 7
_____

25)
  5
x 6
_____

DAY 34   TIME: SCORE: /25

1)
```
    6
  x10
  ___
```

2)
```
    6
  x  7
  ___
```

3)
```
    8
  x  6
  ___
```

4)
```
    6
  x12
  ___
```

5)
```
    5
  x  6
  ___
```

6)
```
    1
  x  6
  ___
```

7)
```
    6
  x  3
  ___
```

8)
```
    6
  x  2
  ___
```

9)
```
    6
  x  6
  ___
```

10)
```
    6
  x  9
  ___
```

11)
```
    2
  x  6
  ___
```

12)
```
   10
  x6
  ___
```

13)
```
   11
  x6
  ___
```

14)
```
    7
  x  6
  ___
```

15)
```
    6
  x11
  ___
```

16)
```
    6
  x  0
  ___
```

17)
```
    6
  x  5
  ___
```

18)
```
    6
  x  4
  ___
```

19)
```
    6
  x  8
  ___
```

20)
```
    3
  x  6
  ___
```

21)
```
    9
  x  6
  ___
```

22)
```
   12
  x6
  ___
```

23)
```
    4
  x  6
  ___
```

24)
```
    6
  x  1
  ___
```

25)
```
    0
  x  6
  ___
```

DAY 35   TIME: SCORE: /25

1)
$$\begin{array}{r} 3 \\ \times\ 6 \\ \hline \end{array}$$

2)
$$\begin{array}{r} 6 \\ \times\ 8 \\ \hline \end{array}$$

3)
$$\begin{array}{r} 6 \\ \times\ 2 \\ \hline \end{array}$$

4)
$$\begin{array}{r} 1 \\ \times\ 6 \\ \hline \end{array}$$

5)
$$\begin{array}{r} 6 \\ \times\ 3 \\ \hline \end{array}$$

6)
$$\begin{array}{r} 6 \\ \times 10 \\ \hline \end{array}$$

7)
$$\begin{array}{r} 2 \\ \times\ 6 \\ \hline \end{array}$$

8)
$$\begin{array}{r} 6 \\ \times 12 \\ \hline \end{array}$$

9)
$$\begin{array}{r} 10 \\ \times 6 \\ \hline \end{array}$$

10)
$$\begin{array}{r} 11 \\ \times 6 \\ \hline \end{array}$$

11)
$$\begin{array}{r} 6 \\ \times\ 1 \\ \hline \end{array}$$

12)
$$\begin{array}{r} 6 \\ \times\ 6 \\ \hline \end{array}$$

13)
$$\begin{array}{r} 4 \\ \times\ 6 \\ \hline \end{array}$$

14)
$$\begin{array}{r} 8 \\ \times\ 6 \\ \hline \end{array}$$

15)
$$\begin{array}{r} 5 \\ \times\ 6 \\ \hline \end{array}$$

16)
$$\begin{array}{r} 6 \\ \times\ 4 \\ \hline \end{array}$$

17)
$$\begin{array}{r} 7 \\ \times\ 6 \\ \hline \end{array}$$

18)
$$\begin{array}{r} 0 \\ \times\ 6 \\ \hline \end{array}$$

19)
$$\begin{array}{r} 6 \\ \times\ 0 \\ \hline \end{array}$$

20)
$$\begin{array}{r} 6 \\ \times\ 9 \\ \hline \end{array}$$

21)
$$\begin{array}{r} 9 \\ \times\ 6 \\ \hline \end{array}$$

22)
$$\begin{array}{r} 6 \\ \times 11 \\ \hline \end{array}$$

23)
$$\begin{array}{r} 12 \\ \times 6 \\ \hline \end{array}$$

24)
$$\begin{array}{r} 6 \\ \times\ 7 \\ \hline \end{array}$$

25)
$$\begin{array}{r} 6 \\ \times\ 5 \\ \hline \end{array}$$

DAY 36　　　TIME:　　　SCORE:　/25

1)　　6　　2)　　6　　3)　　4　　4)　　6　　5)　　9
x　3　　　x　9　　　x　6　　　x　5　　　x　6

6)　11　　7)　　7　　8)　　6　　9)　　8　　10)　6
x6　　　x　6　　　x12　　　x　6　　　x　2

11)　6　　12)　6　　13)　5　　14)　0　　15)　3
x　6　　　x　1　　　x　6　　　x　6　　　x　6

16)　6　　17)　2　　18)　6　　19)　12　　20)　6
x　7　　　x　6　　　x11　　　x6　　　x　8

21)　6　　22)　10　　23)　6　　24)　1　　25)　6
x　0　　　x6　　　x10　　　x　6　　　x　4

7 TIMES TABLE

DAY 37   **TIME:**   **SCORE:**   **/25**

1) 7
x 1
___

2) 0
x 7
___

3) 4
x 7
___

4) 7
x10
___

5) 7
x 8
___

6) 7
x 2
___

7) 9
x 7
___

8) 2
x 7
___

9) 7
x 5
___

10) 7
x 7
___

11) 3
x 7
___

12) 11
x7
___

13) 10
x7
___

14) 6
x 7
___

15) 7
x 9
___

16) 7
x 6
___

17) 7
x 4
___

18) 7
x11
___

19) 12
x7
___

20) 7
x 3
___

21) 8
x 7
___

22) 1
x 7
___

23) 7
x 0
___

24) 7
x12
___

25) 5
x 7
___

DAY 38   TIME: SCORE: /25

1)   7
   x 0
_____

2)   7
   x11
_____

3) 11
   x7
_____

4) 12
   x7
_____

5)   7
   x 8
_____

6)   7
   x 1
_____

7)   7
   x 9
_____

8)   6
   x 7
_____

9)   7
   x 7
_____

10)   7
    x 6
_____

11) 7
   x12
_____

12)   9
   x 7
_____

13)   7
   x10
_____

14)   4
   x 7
_____

15)   3
   x 7
_____

16) 2
   x 7
_____

17) 5
   x 7
_____

18) 0
   x 7
_____

19) 7
   x 3
_____

20) 10
   x7
_____

21) 1
   x 7
_____

22) 8
   x 7
_____

23) 7
   x 2
_____

24) 7
   x 5
_____

25) 7
   x 4
_____

DAY 39   **TIME:**   **SCORE:** **/25**

1) 7 × 4

2) 7 × 7

3) 4 × 7

4) 7 × 2

5) 6 × 7

6) 7 × 9

7) 9 × 7

8) 7 × 5

9) 7 × 11

10) 2 × 7

11) 3 × 7

12) 7 × 0

13) 12 × 7

14) 8 × 7

15) 7 × 1

16) 5 × 7

17) 1 × 7

18) 0 × 7

19) 11 × 7

20) 7 × 10

21) 7 × 3

22) 10 × 7

23) 7 × 12

24) 7 × 6

25) 7 × 8

DAY 40　　TIME:　　SCORE:　/25

1)
$$\begin{array}{r} 5 \\ \times\ 7 \\ \hline \end{array}$$

2)
$$\begin{array}{r} 7 \\ \times 11 \\ \hline \end{array}$$

3)
$$\begin{array}{r} 1 \\ \times\ 7 \\ \hline \end{array}$$

4)
$$\begin{array}{r} 7 \\ \times\ 8 \\ \hline \end{array}$$

5)
$$\begin{array}{r} 7 \\ \times\ 0 \\ \hline \end{array}$$

6)
$$\begin{array}{r} 7 \\ \times\ 2 \\ \hline \end{array}$$

7)
$$\begin{array}{r} 7 \\ \times\ 6 \\ \hline \end{array}$$

8)
$$\begin{array}{r} 12 \\ \times 7 \\ \hline \end{array}$$

9)
$$\begin{array}{r} 7 \\ \times\ 9 \\ \hline \end{array}$$

10)
$$\begin{array}{r} 6 \\ \times\ 7 \\ \hline \end{array}$$

11)
$$\begin{array}{r} 9 \\ \times\ 7 \\ \hline \end{array}$$

12)
$$\begin{array}{r} 7 \\ \times\ 7 \\ \hline \end{array}$$

13)
$$\begin{array}{r} 8 \\ \times\ 7 \\ \hline \end{array}$$

14)
$$\begin{array}{r} 10 \\ \times 7 \\ \hline \end{array}$$

15)
$$\begin{array}{r} 7 \\ \times 12 \\ \hline \end{array}$$

16)
$$\begin{array}{r} 4 \\ \times\ 7 \\ \hline \end{array}$$

17)
$$\begin{array}{r} 7 \\ \times 10 \\ \hline \end{array}$$

18)
$$\begin{array}{r} 2 \\ \times\ 7 \\ \hline \end{array}$$

19)
$$\begin{array}{r} 0 \\ \times\ 7 \\ \hline \end{array}$$

20)
$$\begin{array}{r} 7 \\ \times\ 5 \\ \hline \end{array}$$

21)
$$\begin{array}{r} 7 \\ \times\ 1 \\ \hline \end{array}$$

22)
$$\begin{array}{r} 3 \\ \times\ 7 \\ \hline \end{array}$$

23)
$$\begin{array}{r} 7 \\ \times\ 4 \\ \hline \end{array}$$

24)
$$\begin{array}{r} 11 \\ \times 7 \\ \hline \end{array}$$

25)
$$\begin{array}{r} 7 \\ \times\ 3 \\ \hline \end{array}$$

DAY 41　　TIME:　　SCORE: /25

1)
```
    5
x   7
─────
```

2)
```
    7
x   9
─────
```

3)
```
    7
x   6
─────
```

4)
```
    8
x   7
─────
```

5)
```
    7
x   0
─────
```

6)
```
    7
x   3
─────
```

7)
```
    7
x   1
─────
```

8)
```
    2
x   7
─────
```

9)
```
    7
x   7
─────
```

10)
```
    4
x   7
─────
```

11)
```
    6
x   7
─────
```

12)
```
    7
x   4
─────
```

13)
```
    1
x   7
─────
```

14)
```
    7
x11
─────
```

15)
```
    0
x   7
─────
```

16)
```
   11
x7
─────
```

17)
```
   10
x7
─────
```

18)
```
    7
x   8
─────
```

19)
```
    7
x12
─────
```

20)
```
    7
x10
─────
```

21)
```
    7
x   5
─────
```

22)
```
   12
x7
─────
```

23)
```
    9
x   7
─────
```

24)
```
    3
x   7
─────
```

25)
```
    7
x   2
─────
```

DAY 42   TIME: SCORE: /25

1) 7
  x10

2) 1
  x 7

3) 7
  x 4

4) 7
  x 5

5) 0
  x 7

6) 5
  x 7

7) 8
  x 7

8) 12
  x7

9) 3
  x 7

10) 10
   x7

11) 7
  x 8

12) 7
  x11

13) 7
  x 7

14) 7
  x 0

15) 7
  x 1

16) 7
  x 2

17) 7
  x 3

18) 11
   x7

19) 7
  x 9

20) 6
  x 7

21) 4
  x 7

22) 7
  x12

23) 9
  x 7

24) 7
  x 6

25) 2
  x 7

8 TIMES TABLE

DAY 43   TIME: SCORE: /25

1)   8
   x 7

2)   8
   x 0

3)   5
   x 8

4)   8
   x10

5)   8
   x 3

6)   8
   x11

7)   6
   x 8

8)   8
   x 2

9)   2
   x 8

10)   4
    x 8

11) 10
   x8

12)   8
   x11

13)   9
   x8

14) 12
   x8

15)   7
   x 8

16)   3
   x 8

17)   8
   x 5

18)   1
   x 8

19)   8
   x 6

20)   8
   x 1

21)   9
   x 8

22)   0
   x 8

23)   8
   x 8

24)   8
   x12

25)   8
   x 4

DAY 44   TIME: SCORE: /25

1) 12   2) 11   3) 10   4)   8   5)   1
    x8   x8   x8   x 0   x 8
___   ___   ___   ___   ___

6)   8   7)   7   8)   8   9)   8   10) 8
x 9   x 8   x 6   x11   x 3
___   ___   ___   ___   ___

11) 3   12) 8   13) 4   14) 6   15) 2
x 8   x 4   x 8   x 8   x 8
___   ___   ___   ___   ___

16) 8   17) 8   18) 8   19) 5   20) 8
x 2   x 5   x12   x 8   x10
___   ___   ___   ___   ___

21) 8   22) 0   23) 8   24) 8   25) 9
x 1   x 8   x 8   x 7   x 8
___   ___   ___   ___   ___

1) 8
x 6

2) 4
x 8

3) 8
x 4

4) 2
x 8

5) 5
x 8

6) 8
x 9

7) 8
x10

8) 7
x 8

9) 0
x 8

10) 11
x8

11) 8
x 1

12) 8
x 5

13) 8
x 3

14) 6
x 8

15) 8
x 0

16) 8
x 8

17) 9
x 8

18) 12
x8

19) 10
x8

20) 8
x 7

21) 1
x 8

22) 3
x 8

23) 8
x11

24) 8
x12

25) 8
x 2

1)
```
    8
x   9
____
```

2)
```
    7
x   8
____
```

3)
```
    8
x   4
____
```

4)
```
    0
x   8
____
```

5)
```
    3
x   8
____
```

6)
```
    9
x   8
____
```

7)
```
    8
x   8
____
```

8)
```
  11
x  8
____
```

9)
```
    8
x   1
____
```

10)
```
    6
x   8
____
```

11)
```
    8
x 12
____
```

12)
```
    8
x   7
____
```

13)
```
    5
x   8
____
```

14)
```
  12
x  8
____
```

15)
```
    8
x   5
____
```

16)
```
    8
x 11
____
```

17)
```
    8
x   0
____
```

18)
```
    8
x   2
____
```

19)
```
  10
x  8
____
```

20)
```
    8
x 10
____
```

21)
```
    8
x   6
____
```

22)
```
    2
x   8
____
```

23)
```
    1
x   8
____
```

24)
```
    8
x   3
____
```

25)
```
    4
x   8
____
```

DAY 47   TIME: SCORE: /25

1) 2
  x 8

2)   8
  x10

3)   8
  x 5

4) 12
  x8

5)   8
  x 1

6) 9
  x 8

7)   8
  x 7

8)   3
  x 8

9)   8
  x 9

10) 11
  x8

11) 1
  x 8

12) 7
  x 8

13) 8
  x 0

14) 8
  x 6

15) 8
  x11

16) 8
  x 8

17) 6
  x 8

18) 8
  x12

19) 8
  x 4

20) 8
  x 3

21) 5
  x 8

22) 10
  x8

23) 4
  x 8

24) 8
  x 2

25) 0
  x 8

DAY 48   TIME: SCORE: /25

1)
```
   10
  x 8
  ____
```

2)
```
    8
  x 3
  ____
```

3)
```
    8
  x 0
  ____
```

4)
```
    5
  x 8
  ____
```

5)
```
    6
  x 8
  ____
```

6)
```
    8
  x 7
  ____
```

7)
```
    8
  x 2
  ____
```

8)
```
    8
  x 1
  ____
```

9)
```
    8
  x 8
  ____
```

10)
```
    3
  x 8
  ____
```

11)
```
    8
  x 9
  ____
```

12)
```
    9
  x 8
  ____
```

13)
```
    2
  x 8
  ____
```

14)
```
    8
  x10
  ____
```

15)
```
    8
  x12
  ____
```

16)
```
   11
  x 8
  ____
```

17)
```
    8
  x 4
  ____
```

18)
```
    7
  x 8
  ____
```

19)
```
    4
  x 8
  ____
```

20)
```
    8
  x 5
  ____
```

21)
```
    8
  x11
  ____
```

22)
```
    8
  x 6
  ____
```

23)
```
    1
  x 8
  ____
```

24)
```
   12
  x 8
  ____
```

25)
```
    0
  x 8
  ____
```

9 TIMES TABLE

DAY 49   TIME: SCORE: /25

1) 7
x 9
___

2) 9
x12
___

3) 9
x 9
___

4) 9
x 5
___

5) 4
x 9
___

6) 10
x9
___

7) 9
x 6
___

8) 0
x 9
___

9) 9
x 0
___

10) 9
x 3
___

11) 9
x 4
___

12) 12
x9
___

13) 8
x 9
___

14) 6
x 9
___

15) 5
x 9
___

16) 9
x 8
___

17) 9
x11
___

18) 3
x 9
___

19) 9
x 1
___

20) 9
x 7
___

21) 1
x 9
___

22) 9
x 2
___

23) 9
x10
___

24) 11
x9
___

25) 2
x 9
___

DAY 50　　TIME:　　SCORE:　/25

1)
```
    9
  x12
  ___
```

2)
```
    9
  x  3
  ___
```

3)
```
    9
  x  1
  ___
```

4)
```
    4
  x  9
  ___
```

5)
```
    3
  x  9
  ___
```

6)
```
    8
  x  9
  ___
```

7)
```
    9
  x  2
  ___
```

8)
```
    9
  x  0
  ___
```

9)
```
    9
  x11
  ___
```

10)
```
    0
  x  9
  ___
```

11)
```
   12
  x9
  ___
```

12)
```
    6
  x  9
  ___
```

13)
```
    5
  x  9
  ___
```

14)
```
    9
  x10
  ___
```

15)
```
    7
  x  9
  ___
```

16)
```
    9
  x  9
  ___
```

17)
```
    2
  x  9
  ___
```

18)
```
    9
  x  5
  ___
```

19)
```
    9
  x  8
  ___
```

20)
```
    9
  x  6
  ___
```

21)
```
    9
  x  7
  ___
```

22)
```
    1
  x  9
  ___
```

23)
```
    9
  x  4
  ___
```

24)
```
   11
  x9
  ___
```

25)
```
   10
  x9
  ___
```

DAY 51   TIME: SCORE: /25

1)   3
   x 9
   ___

2)   9
   x 8
   ___

3)   9
   x 4
   ___

4)   8
   x 9
   ___

5)   9
   x 0
   ___

6)   2
   x 9
   ___

7)   9
   x 5
   ___

8)   7
   x 9
   ___

9)   9
   x10
   ___

10)   9
    x 6
    ___

11)   9
    x 3
    ___

12)   11
    x9
    ___

13)   4
    x 9
    ___

14)   9
    x 9
    ___

15)   1
    x 9
    ___

16)   9
    x11
    ___

17)   12
    x9
    ___

18)   6
    x 9
    ___

19)   0
    x 9
    ___

20)   9
    x 2
    ___

21)   5
    x 9
    ___

22)   9
    x12
    ___

23)   9
    x 1
    ___

24)   10
    x9
    ___

25)   9
    x 7
    ___

DAY 52　　TIME:　　SCORE: /25

1)
```
    9
x   0
────
```

2)
```
    7
x   9
────
```

3)
```
    9
x   9
────
```

4)
```
    9
x   2
────
```

5)
```
    8
x   9
────
```

6)
```
    1
x   9
────
```

7)
```
    9
x   8
────
```

8)
```
   12
x   9
────
```

9)
```
    9
x  12
────
```

10)
```
    5
x   9
────
```

11)
```
    6
x   9
────
```

12)
```
    2
x   9
────
```

13)
```
    9
x   3
────
```

14)
```
    0
x   9
────
```

15)
```
    3
x   9
────
```

16)
```
    9
x   6
────
```

17)
```
   10
x   9
────
```

18)
```
    9
x  11
────
```

19)
```
    9
x   5
────
```

20)
```
    9
x   7
────
```

21)
```
    9
x   1
────
```

22)
```
    9
x   4
────
```

23)
```
    4
x   9
────
```

24)
```
    9
x  10
────
```

25)
```
   11
x   9
────
```

1)
$$\begin{array}{r} 9 \\ \times\ 9 \\ \hline \end{array}$$

2)
$$\begin{array}{r} 9 \\ \times\ 5 \\ \hline \end{array}$$

3)
$$\begin{array}{r} 9 \\ \times\ 1 \\ \hline \end{array}$$

4)
$$\begin{array}{r} 0 \\ \times\ 9 \\ \hline \end{array}$$

5)
$$\begin{array}{r} 7 \\ \times\ 9 \\ \hline \end{array}$$

6)
$$\begin{array}{r} 9 \\ \times 12 \\ \hline \end{array}$$

7)
$$\begin{array}{r} 11 \\ \times 9 \\ \hline \end{array}$$

8)
$$\begin{array}{r} 3 \\ \times\ 9 \\ \hline \end{array}$$

9)
$$\begin{array}{r} 9 \\ \times\ 0 \\ \hline \end{array}$$

10)
$$\begin{array}{r} 2 \\ \times\ 9 \\ \hline \end{array}$$

11)
$$\begin{array}{r} 9 \\ \times\ 7 \\ \hline \end{array}$$

12)
$$\begin{array}{r} 12 \\ \times 9 \\ \hline \end{array}$$

13)
$$\begin{array}{r} 9 \\ \times 10 \\ \hline \end{array}$$

14)
$$\begin{array}{r} 9 \\ \times\ 6 \\ \hline \end{array}$$

15)
$$\begin{array}{r} 9 \\ \times\ 8 \\ \hline \end{array}$$

16)
$$\begin{array}{r} 9 \\ \times\ 2 \\ \hline \end{array}$$

17)
$$\begin{array}{r} 4 \\ \times\ 9 \\ \hline \end{array}$$

18)
$$\begin{array}{r} 8 \\ \times\ 9 \\ \hline \end{array}$$

19)
$$\begin{array}{r} 9 \\ \times\ 3 \\ \hline \end{array}$$

20)
$$\begin{array}{r} 9 \\ \times\ 4 \\ \hline \end{array}$$

21)
$$\begin{array}{r} 6 \\ \times\ 9 \\ \hline \end{array}$$

22)
$$\begin{array}{r} 10 \\ \times 9 \\ \hline \end{array}$$

23)
$$\begin{array}{r} 1 \\ \times\ 9 \\ \hline \end{array}$$

24)
$$\begin{array}{r} 9 \\ \times 11 \\ \hline \end{array}$$

25)
$$\begin{array}{r} 5 \\ \times\ 9 \\ \hline \end{array}$$

DAY 54   TIME: SCORE: /25

1)
```
    9
x   4
____
```

2)
```
    4
x   9
____
```

3)
```
    9
x   8
____
```

4)
```
    9
x12
____
```

5)
```
    9
x   3
____
```

6)
```
  11
x9
____
```

7)
```
    9
x   2
____
```

8)
```
    9
x   0
____
```

9)
```
    5
x   9
____
```

10)
```
    9
x   7
____
```

11)
```
    9
x   1
____
```

12)
```
    9
x10
____
```

13)
```
    0
x   9
____
```

14)
```
    9
x   9
____
```

15)
```
    6
x   9
____
```

16)
```
  12
x9
____
```

17)
```
    9
x   6
____
```

18)
```
    2
x   9
____
```

19)
```
    8
x   9
____
```

20)
```
    9
x   5
____
```

21)
```
    3
x   9
____
```

22)
```
    1
x   9
____
```

23)
```
  10
x9
____
```

24)
```
    9
x11
____
```

25)
```
    7
x   9
____
```

10 TIMES TABLE

DAY 55   TIME: SCORE: /25

1) 10
    x4
    ____

2) 10
    x12
    ____

3) 10
    x3
    ____

4) 10
    x5
    ____

5) 10
    x2
    ____

6) 12
    x10
    ____

7) 5
    x10
    ____

8) 6
    x10
    ____

9) 10
    x8
    ____

10) 11
    x10
    ____

11) 10
    x11
    ____

12) 1
    x10
    ____

13) 9
    x10
    ____

14) 10
    x1
    ____

15) 10
    x6
    ____

16) 10
    x10
    ____

17) 10
    x0
    ____

18) 10
    x9
    ____

19) 0
    x10
    ____

20) 8
    x10
    ____

21) 7
    x10
    ____

22) 3
    x10
    ____

23) 2
    x10
    ____

24) 4
    x10
    ____

25) 10
    x7
    ____

DAY 56　　TIME:　　SCORE: /25

1)
9
x10
___

2)
10
x10
___

3)
7
x10
___

4)
10
x8
___

5)
10
x5
___

6)
10
x11
___

7)
10
x4
___

8)
12
x10
___

9)
10
x7
___

10)
10
x9
___

11)
0
x10
___

12)
10
x1
___

13)
10
x12
___

14)
11
x10
___

15)
5
x10
___

16)
1
x10
___

17)
2
x10
___

18)
8
x10
___

19)
10
x6
___

20)
3
x10
___

21)
4
x10
___

22)
10
x3
___

23)
6
x10
___

24)
10
x2
___

25)
10
x0
___

DAY 57   TIME: SCORE: /25

1) 12
   x10
   ____

2) 10
   x8
   ____

3) 7
   x10
   ____

4) 10
   x7
   ____

5) 10
   x0
   ____

6) 2
   x10
   ____

7) 10
   x2
   ____

8) 0
   x10
   ____

9) 10
   x11
   ____

10) 11
   x10
   ____

11) 3
   x10
   ____

12) 1
   x10
   ____

13) 10
   x5
   ____

14) 6
   x10
   ____

15) 10
   x3
   ____

16) 9
   x10
   ____

17) 10
   x6
   ____

18) 10
   x12
   ____

19) 5
   x10
   ____

20) 10
   x4
   ____

21) 8
   x10
   ____

22) 4
   x10
   ____

23) 10
   x10
   ____

24) 10
   x9
   ____

25) 10
   x1
   ____

DAY 58   TIME: SCORE: /25

1) 10
    x2
    ___

2) 10
    x8
    ___

3) 10
    x9
    ___

4) 10
    x11
    ___

5) 11
    x10
    ___

6) 12
    x10
    ___

7) 10
    x0
    ___

8) 10
    x4
    ___

9) 2
    x10
    ___

10) 3
    x10
    ___

11) 10
    x10
    ___

12) 10
    x5
    ___

13) 10
    x12
    ___

14) 10
    x7
    ___

15) 10
    x1
    ___

16) 4
    x10
    ___

17) 9
    x10
    ___

18) 0
    x10
    ___

19) 1
    x10
    ___

20) 10
    x6
    ___

21) 6
    x10
    ___

22) 5
    x10
    ___

23) 10
    x3
    ___

24) 8
    x10
    ___

25) 7
    x10
    ___

DAY 59   TIME: SCORE: /25

1) 6
  x10
___

2) 4
  x10
___

3) 10
  x1
___

4) 5
  x10
___

5) 10
  x2
___

6) 10
  x5
___

7) 10
  x9
___

8) 0
  x10
___

9) 10
  x3
___

10) 11
  x10
___

11) 10
  x8
___

12) 10
  x4
___

13) 10
  x11
___

14) 10
  x12
___

15) 7
  x10
___

16) 10
  x6
___

17) 10
  x7
___

18) 12
  x10
___

19) 2
  x10
___

20) 9
  x10
___

21) 8
  x10
___

22) 10
  x10
___

23) 10
  x0
___

24) 3
  x10
___

25) 1
  x10
___

DAY 60   TIME: SCORE: /25

1)
0
x10
___

2)
10
x9
___

3)
10
x8
___

4)
10
x12
___

5)
11
x10
___

6)
6
x10
___

7)
10
x6
___

8)
5
x10
___

9)
2
x10
___

10)
1
x10
___

11)
10
x3
___

12)
10
x4
___

13)
10
x1
___

14)
10
x10
___

15)
9
x10
___

16)
10
x0
___

17)
10
x11
___

18)
10
x5
___

19)
3
x10
___

20)
4
x10
___

21)
8
x10
___

22)
10
x7
___

23)
12
x10
___

24)
10
x2
___

25)
7
x10
___

11 TIMES TABLE

DAY 61   TIME: SCORE: /25

1)   1
 x11

2)   6
 x11

3)   4
 x11

4)   11
 x7

5)   5
 x11

6)   11
 x3

7)   11
 x2

8)   3
 x11

9)   12
 x11

10) 11
 x5

11) 11
 x8

12)   9
 x11

13)   2
 x11

14) 11
 x6

15) 10
 x11

16) 11
 x11

17) 11
 x12

18) 11
 x1

19)   0
 x11

20) 11
 x4

21) 11
 x10

22)   7
 x11

23) 11
 x9

24) 11
 x0

25)   8
 x11

DAY 62   TIME: SCORE: /25

1) 11
    x9
    ___

2) 11
    x12
    ___

3)   8
    x11
    ___

4) 11
    x11
    ___

5) 11
    x4
    ___

6) 11
    x0
    ___

7) 11
    x1
    ___

8) 11
    x7
    ___

9) 10
    x11
    ___

10) 6
    x11
    ___

11) 11
    x6
    ___

12) 12
    x11
    ___

13) 1
    x11
    ___

14) 11
    x8
    ___

15) 3
    x11
    ___

16) 7
    x11
    ___

17) 11
    x10
    ___

18) 9
    x11
    ___

19) 2
    x11
    ___

20) 11
    x3
    ___

21) 11
    x2
    ___

22) 5
    x11
    ___

23) 4
    x11
    ___

24) 11
    x5
    ___

25) 0
    x11
    ___

DAY 63   TIME: SCORE: /25

1) 11
    x3
    ___

2)   9
    x11
    ___

3) 11
    x11
    ___

4) 12
    x11
    ___

5) 11
    x10
    ___

6) 11
    x0
    ___

7) 11
    x4
    ___

8) 11
    x9
    ___

9)   6
    x11
    ___

10) 11
    x1
    ___

11) 3
    x11
    ___

12) 1
    x11
    ___

13) 11
    x8
    ___

14) 4
    x11
    ___

15) 8
    x11
    ___

16) 7
    x11
    ___

17) 0
    x11
    ___

18) 5
    x11
    ___

19) 11
    x12
    ___

20) 11
    x5
    ___

21) 11
    x7
    ___

22) 10
    x11
    ___

23) 11
    x2
    ___

24) 11
    x6
    ___

25) 2
    x11
    ___

DAY 64   TIME: SCORE: /25

1) 2
    x11
    ___

2) 10
    x11
    ___

3) 11
    x9
    ___

4) 12
    x11
    ___

5) 11
    x5
    ___

6) 11
    x11
    ___

7) 8
    x11
    ___

8) 0
    x11
    ___

9) 5
    x11
    ___

10) 11
    x0
    ___

11) 11
    x10
    ___

12) 11
    x7
    ___

13) 11
    x12
    ___

14) 1
    x11
    ___

15) 4
    x11
    ___

16) 7
    x11
    ___

17) 3
    x11
    ___

18) 11
    x2
    ___

19) 11
    x8
    ___

20) 6
    x11
    ___

21) 11
    x6
    ___

22) 11
    x4
    ___

23) 11
    x3
    ___

24) 9
    x11
    ___

25) 11
    x1
    ___

DAY 65　　TIME:　　SCORE: /25

1) 11
    x8
    ___

2) 2
    x11
    ___

3) 11
    x3
    ___

4) 12
    x11
    ___

5) 11
    x1
    ___

6) 11
    x2
    ___

7) 11
    x10
    ___

8) 11
    x0
    ___

9) 11
    x9
    ___

10) 11
    x11
    ___

11) 11
    x6
    ___

12) 11
    x7
    ___

13) 9
    x11
    ___

14) 0
    x11
    ___

15) 11
    x4
    ___

16) 11
    x12
    ___

17) 10
    x11
    ___

18) 8
    x11
    ___

19) 5
    x11
    ___

20) 6
    x11
    ___

21) 7
    x11
    ___

22) 4
    x11
    ___

23) 3
    x11
    ___

24) 11
    x5
    ___

25) 1
    x11
    ___

DAY 66   TIME: SCORE: /25

1)
11
x1
____

2)
4
x11
____

3)
11
x11
____

4)
11
x8
____

5)
1
x11
____

6)
10
x11
____

7)
11
x9
____

8)
11
x6
____

9)
11
x2
____

10)
8
x11
____

11)
6
x11
____

12)
11
x10
____

13)
2
x11
____

14)
0
x11
____

15)
3
x11
____

16)
11
x5
____

17)
9
x11
____

18)
11
x0
____

19)
5
x11
____

20)
11
x4
____

21)
7
x11
____

22)
12
x11
____

23)
11
x7
____

24)
11
x3
____

25)
11
x12
____

12 TIMES TABLE

DAY 67   TIME: SCORE: /25

1)   8
   x12
_____

2)   11
   x12
_____

3)   12
   x2
_____

4)   3
   x12
_____

5)   0
   x12
_____

6)   9
   x12
_____

7)   12
   x7
_____

8)   2
   x12
_____

9)   12
   x6
_____

10)   5
    x12
_____

11)   7
    x12
_____

12)   12
    x5
_____

13)   10
    x12
_____

14)   6
    x12
_____

15)   1
    x12
_____

16)   4
    x12
_____

17)   12
    x4
_____

18)   12
    x8
_____

19)   12
    x12
_____

20)   12
    x9
_____

21)   12
    x10
_____

22)   12
    x11
_____

23)   12
    x0
_____

24)   12
    x1
_____

25)   12
    x3
_____

DAY 68   **TIME:**   **SCORE:**   **/25**

1) 12
    x0

2)   5
    x12

3)   9
    x12

4)   2
    x12

5) 10
    x12

6) 12
    x9

7) 11
    x12

8) 12
    x1

9) 12
    x5

10) 1
    x12

11) 12
    x4

12) 4
    x12

13) 12
    x10

14) 12
    x2

15) 7
    x12

16) 0
    x12

17) 12
    x6

18) 12
    x3

19) 12
    x12

20) 8
    x12

21) 6
    x12

22) 3
    x12

23) 12
    x7

24) 12
    x8

25) 12
    x11

DAY 69   TIME: SCORE: /25

1)
12
x4
___

2)
11
x12
___

3)
7
x12
___

4)
6
x12
___

5)
12
x9
___

6)
3
x12
___

7)
10
x12
___

8)
8
x12
___

9)
9
x12
___

10)
12
x10
___

11)
1
x12
___

12)
12
x12
___

13)
12
x0
___

14)
5
x12
___

15)
0
x12
___

16)
12
x11
___

17)
12
x5
___

18)
12
x3
___

19)
12
x7
___

20)
2
x12
___

21)
4
x12
___

22)
12
x1
___

23)
12
x2
___

24)
12
x6
___

25)
12
x8
___

1) 12
    x9
    ___

2) 12
    x7
    ___

3)   6
    x12
    ___

4) 12
    x10
    ___

5)   3
    x12
    ___

6)   9
    x12
    ___

7) 12
    x11
    ___

8) 12
    x2
    ___

9) 12
    x6
    ___

10) 5
    x12
    ___

11) 0
    x12
    ___

12) 4
    x12
    ___

13) 11
    x12
    ___

14) 1
    x12
    ___

15) 2
    x12
    ___

16) 7
    x12
    ___

17) 12
    x4
    ___

18) 12
    x1
    ___

19) 8
    x12
    ___

20) 12
    x0
    ___

21) 12
    x5
    ___

22) 12
    x12
    ___

23) 12
    x3
    ___

24) 12
    x8
    ___

25) 10
    x12
    ___

DAY 71　　TIME:　　SCORE:　/25

1) 12
   x8
   ___

2) 12
   x0
   ___

3) 12
   x10
   ___

4) 12
   x5
   ___

5) 7
   x12
   ___

6) 12
   x3
   ___

7) 4
   x12
   ___

8) 6
   x12
   ___

9) 2
   x12
   ___

10) 12
    x1
    ___

11) 12
    x11
    ___

12) 3
    x12
    ___

13) 12
    x7
    ___

14) 9
    x12
    ___

15) 11
    x12
    ___

16) 5
    x12
    ___

17) 12
    x6
    ___

18) 12
    x12
    ___

19) 1
    x12
    ___

20) 0
    x12
    ___

21) 12
    x2
    ___

22) 12
    x4
    ___

23) 8
    x12
    ___

24) 12
    x9
    ___

25) 10
    x12
    ___

DAY 72   TIME: SCORE: /25

1) 10
x12

2) 12
x10

3) 12
x0

4) 12
x9

5) 1
x12

6) 12
x1

7) 12
x8

8) 12
x5

9) 8
x12

10) 2
x12

11) 12
x6

12) 5
x12

13) 7
x12

14) 0
x12

15) 12
x3

16) 12
x12

17) 3
x12

18) 6
x12

19) 12
x2

20) 11
x12

21) 4
x12

22) 12
x7

23) 9
x12

24) 12
x11

25) 12
x4

MIXED

DAY 73   **TIME:**   **SCORE:**   **/60**

1) 12 × 8
2) 10 × 7
3) 6 × 8
4) 5 × 9
5) 4 × 12
6) 5 × 9

7) 9 × 11
8) 2 × 1
9) 3 × 8
10) 9 × 3
11) 8 × 10
12) 3 × 6

13) 5 × 11
14) 4 × 10
15) 12 × 9
16) 5 × 12
17) 6 × 3
18) 3 × 1

19) 6 × 3
20) 5 × 8
21) 4 × 9
22) 4 × 6
23) 3 × 1
24) 5 × 6

25) 9 × 2
26) 4 × 4
27) 3 × 6
28) 5 × 7
29) 5 × 6
30) 6 × 2

31) 6 × 10
32) 3 × 5
33) 1 × 6
34) 12 × 1
35) 1 × 8
36) 3 × 12

37) 6 × 12
38) 8 × 8
39) 1 × 5
40) 12 × 12
41) 8 × 2
42) 10 × 1

43) 11 × 7
44) 11 × 6
45) 4 × 1
46) 11 × 6
47) 10 × 1
48) 4 × 5

49) 12 × 12
50) 1 × 6
51) 12 × 8
52) 6 × 6
53) 3 × 7
54) 10 × 1

55) 8 × 4
56) 10 × 5
57) 11 × 7
58) 3 × 3
59) 10 × 10
60) 11 × 8

1) 7 × 8	2) 11 × 3	3) 5 × 4	4) 2 × 5	5) 2 × 10	6) 10 × 8
7) 1 × 8	8) 3 × 8	9) 10 × 10	10) 10 × 12	11) 1 × 7	12) 10 × 5
13) 10 × 7	14) 12 × 4	15) 1 × 1	16) 5 × 7	17) 3 × 3	18) 3 × 12
19) 6 × 6	20) 9 × 10	21) 7 × 4	22) 12 × 11	23) 8 × 2	24) 6 × 11
25) 12 × 11	26) 4 × 7	27) 1 × 12	28) 2 × 11	29) 5 × 8	30) 2 × 4
31) 6 × 12	32) 12 × 7	33) 7 × 4	34) 8 × 12	35) 1 × 4	36) 3 × 8
37) 4 × 7	38) 11 × 1	39) 8 × 11	40) 2 × 2	41) 11 × 7	42) 1 × 1
43) 2 × 3	44) 1 × 3	45) 2 × 4	46) 4 × 8	47) 6 × 3	48) 8 × 9
49) 5 × 1	50) 11 × 6	51) 5 × 9	52) 4 × 7	53) 6 × 2	54) 10 × 1
55) 2 × 9	56) 10 × 10	57) 6 × 5	58) 3 × 8	59) 10 × 7	60) 10 × 11

1) 6 × 2

2) 4 × 8

3) 2 × 8

4) 10 × 7

5) 4 × 10

6) 5 × 8

7) 2 × 8

8) 4 × 3

9) 8 × 8

10) 10 × 5

11) 6 × 6

12) 2 × 7

13) 12 × 9

14) 11 × 9

15) 2 × 6

16) 6 × 1

17) 6 × 7

18) 1 × 10

19) 3 × 4

20) 8 × 4

21) 6 × 8

22) 9 × 2

23) 4 × 4

24) 6 × 7

25) 5 × 7

26) 2 × 12

27) 12 × 7

28) 6 × 6

29) 4 × 1

30) 11 × 8

31) 11 × 2

32) 4 × 8

33) 10 × 7

34) 7 × 12

35) 8 × 1

36) 7 × 8

37) 6 × 9

38) 3 × 11

39) 9 × 11

40) 1 × 2

41) 7 × 3

42) 3 × 1

43) 5 × 7

44) 2 × 7

45) 8 × 10

46) 5 × 12

47) 4 × 1

48) 9 × 11

49) 1 × 9

50) 5 × 6

51) 1 × 6

52) 7 × 7

53) 10 × 8

54) 3 × 3

55) 9 × 3

56) 4 × 5

57) 11 × 11

58) 2 × 4

59) 5 × 11

60) 9 × 8

DAY 76   **TIME:**   **SCORE:**   **/60**

1) 12 × 12	2) 5 × 12	3) 2 × 2	4) 9 × 2	5) 2 × 6	6) 3 × 10
7) 10 × 3	8) 5 × 10	9) 9 × 2	10) 5 × 4	11) 2 × 7	12) 8 × 3
13) 12 × 7	14) 8 × 3	15) 7 × 12	16) 3 × 12	17) 7 × 10	18) 10 × 5
19) 2 × 1	20) 4 × 10	21) 4 × 7	22) 5 × 9	23) 9 × 4	24) 9 × 12
25) 4 × 7	26) 3 × 12	27) 10 × 9	28) 4 × 1	29) 5 × 1	30) 10 × 5
31) 6 × 11	32) 4 × 10	33) 4 × 1	34) 2 × 5	35) 8 × 3	36) 7 × 8
37) 10 × 8	38) 11 × 7	39) 11 × 11	40) 3 × 4	41) 4 × 5	42) 1 × 2
43) 12 × 3	44) 3 × 4	45) 11 × 7	46) 10 × 10	47) 4 × 2	48) 9 × 4
49) 6 × 11	50) 8 × 7	51) 3 × 12	52) 4 × 8	53) 7 × 5	54) 2 × 11
55) 5 × 5	56) 11 × 5	57) 12 × 8	58) 1 × 2	59) 6 × 5	60) 11 × 2

DAY 77   **TIME:**   **SCORE:**   **/60**

1) 1×7

2) 9×10

3) 1×8

4) 4×7

5) 4×3

6) 2×5

7) 4×8

8) 12×1

9) 1×2

10) 6×4

11) 9×3

12) 1×5

13) 10×1

14) 10×7

15) 1×12

16) 12×12

17) 7×2

18) 10×7

19) 7×10

20) 8×6

21) 9×3

22) 11×5

23) 5×9

24) 7×12

25) 10×12

26) 6×7

27) 9×4

28) 6×6

29) 9×5

30) 4×10

31) 5×10

32) 4×2

33) 10×12

34) 11×5

35) 3×4

36) 5×10

37) 8×7

38) 1×5

39) 11×9

40) 9×9

41) 3×3

42) 11×5

43) 9×6

44) 2×2

45) 10×11

46) 1×6

47) 12×8

48) 12×8

49) 2×6

50) 1×1

51) 11×7

52) 9×3

53) 10×7

54) 12×11

55) 7×2

56) 10×9

57) 4×8

58) 6×3

59) 11×12

60) 12×9

DAY 78   **TIME:**   **SCORE: /60**

1) 3 × 7

2) 10 × 3

3) 5 × 7

4) 11 × 4

5) 6 × 10

6) 10 × 10

7) 3 × 1

8) 9 × 9

9) 1 × 3

10) 12 × 11

11) 12 × 9

12) 4 × 8

13) 5 × 2

14) 12 × 10

15) 5 × 9

16) 10 × 7

17) 3 × 10

18) 6 × 1

19) 8 × 12

20) 9 × 2

21) 10 × 11

22) 11 × 11

23) 9 × 12

24) 3 × 7

25) 5 × 3

26) 4 × 3

27) 9 × 6

28) 7 × 9

29) 3 × 7

30) 8 × 7

31) 12 × 10

32) 2 × 11

33) 5 × 9

34) 8 × 7

35) 10 × 12

36) 12 × 11

37) 4 × 1

38) 3 × 11

39) 3 × 2

40) 5 × 3

41) 8 × 8

42) 5 × 4

43) 4 × 5

44) 9 × 12

45) 5 × 7

46) 1 × 8

47) 9 × 4

48) 8 × 11

49) 8 × 10

50) 3 × 4

51) 4 × 6

52) 8 × 6

53) 8 × 5

54) 8 × 5

55) 11 × 4

56) 1 × 9

57) 9 × 11

58) 8 × 12

59) 6 × 2

60) 12 × 7

1)　7 × 3	2)　12 × 8	3)　3 × 7	4)　4 × 10	5)　6 × 1	6)　12 × 8
7)　3 × 10	8)　5 × 5	9)　12 × 5	10)　7 × 6	11)　11 × 5	12)　9 × 4
13)　7 × 3	14)　11 × 5	15)　2 × 3	16)　5 × 12	17)　8 × 6	18)　5 × 5
19)　6 × 5	20)　11 × 7	21)　6 × 6	22)　8 × 3	23)　4 × 1	24)　9 × 8
25)　6 × 9	26)　12 × 12	27)　10 × 1	28)　1 × 4	29)　9 × 9	30)　11 × 7
31)　1 × 11	32)　1 × 7	33)　9 × 11	34)　2 × 3	35)　11 × 9	36)　12 × 6
37)　3 × 1	38)　9 × 11	39)　12 × 6	40)　4 × 9	41)　2 × 12	42)　6 × 11
43)　3 × 7	44)　10 × 4	45)　8 × 12	46)　6 × 10	47)　8 × 11	48)　9 × 7
49)　2 × 5	50)　6 × 2	51)　5 × 3	52)　10 × 5	53)　7 × 4	54)　1 × 7
55)　1 × 9	56)　5 × 12	57)　12 × 4	58)　1 × 11	59)　9 × 6	60)　12 × 10

1) 1 × 8	2) 10 × 7	3) 2 × 9	4) 9 × 11	5) 4 × 3	6) 1 × 8
7) 2 × 6	8) 3 × 9	9) 10 × 9	10) 5 × 5	11) 5 × 1	12) 3 × 4
13) 8 × 6	14) 10 × 5	15) 7 × 2	16) 7 × 7	17) 6 × 8	18) 8 × 11
19) 8 × 2	20) 6 × 2	21) 6 × 9	22) 6 × 12	23) 9 × 5	24) 10 × 4
25) 9 × 12	26) 3 × 3	27) 5 × 6	28) 5 × 1	29) 6 × 1	30) 4 × 1
31) 10 × 12	32) 1 × 11	33) 5 × 2	34) 9 × 1	35) 12 × 11	36) 11 × 2
37) 5 × 7	38) 8 × 1	39) 7 × 1	40) 9 × 10	41) 5 × 11	42) 11 × 7
43) 12 × 10	44) 9 × 6	45) 10 × 5	46) 3 × 9	47) 12 × 5	48) 4 × 8
49) 7 × 10	50) 3 × 5	51) 5 × 6	52) 6 × 2	53) 9 × 7	54) 8 × 11
55) 11 × 12	56) 2 × 9	57) 1 × 5	58) 8 × 7	59) 6 × 11	60) 6 × 9

1) 4 × 9

2) 3 × 7

3) 3 × 3

4) 6 × 3

5) 11 × 10

6) 5 × 1

7) 4 × 5

8) 9 × 9

9) 12 × 7

10) 12 × 9

11) 1 × 9

12) 6 × 9

13) 5 × 2

14) 9 × 10

15) 8 × 7

16) 5 × 4

17) 5 × 7

18) 8 × 12

19) 10 × 4

20) 10 × 4

21) 7 × 11

22) 9 × 7

23) 3 × 12

24) 4 × 8

25) 5 × 11

26) 2 × 7

27) 1 × 4

28) 12 × 11

29) 9 × 5

30) 7 × 8

31) 10 × 5

32) 1 × 9

33) 1 × 5

34) 12 × 12

35) 7 × 7

36) 8 × 11

37) 5 × 2

38) 3 × 8

39) 3 × 2

40) 4 × 3

41) 12 × 1

42) 9 × 1

43) 2 × 1

44) 9 × 12

45) 10 × 3

46) 6 × 11

47) 2 × 3

48) 1 × 2

49) 10 × 6

50) 4 × 2

51) 10 × 2

52) 7 × 12

53) 8 × 11

54) 2 × 7

55) 4 × 4

56) 6 × 9

57) 2 × 5

58) 12 × 4

59) 1 × 5

60) 1 × 11

DAY 82   **TIME:**   **SCORE:**   **/60**

1) $\begin{array}{r} 2 \\ \times\ 4 \\ \hline \end{array}$

2) $\begin{array}{r} 6 \\ \times\ 5 \\ \hline \end{array}$

3) $\begin{array}{r} 3 \\ \times\ 5 \\ \hline \end{array}$

4) $\begin{array}{r} 4 \\ \times\ 1 \\ \hline \end{array}$

5) $\begin{array}{r} 1 \\ \times\ 7 \\ \hline \end{array}$

6) $\begin{array}{r} 7 \\ \times\ 5 \\ \hline \end{array}$

7) $\begin{array}{r} 2 \\ \times\ 3 \\ \hline \end{array}$

8) $\begin{array}{r} 1 \\ \times\ 5 \\ \hline \end{array}$

9) $\begin{array}{r} 7 \\ \times\ 8 \\ \hline \end{array}$

10) $\begin{array}{r} 7 \\ \times\ 4 \\ \hline \end{array}$

11) $\begin{array}{r} 12 \\ \times\ 12 \\ \hline \end{array}$

12) $\begin{array}{r} 2 \\ \times\ 7 \\ \hline \end{array}$

13) $\begin{array}{r} 3 \\ \times\ 6 \\ \hline \end{array}$

14) $\begin{array}{r} 11 \\ \times\ 9 \\ \hline \end{array}$

15) $\begin{array}{r} 6 \\ \times\ 11 \\ \hline \end{array}$

16) $\begin{array}{r} 1 \\ \times\ 1 \\ \hline \end{array}$

17) $\begin{array}{r} 2 \\ \times\ 6 \\ \hline \end{array}$

18) $\begin{array}{r} 11 \\ \times\ 7 \\ \hline \end{array}$

19) $\begin{array}{r} 5 \\ \times\ 4 \\ \hline \end{array}$

20) $\begin{array}{r} 10 \\ \times\ 12 \\ \hline \end{array}$

21) $\begin{array}{r} 7 \\ \times\ 3 \\ \hline \end{array}$

22) $\begin{array}{r} 1 \\ \times\ 8 \\ \hline \end{array}$

23) $\begin{array}{r} 3 \\ \times\ 12 \\ \hline \end{array}$

24) $\begin{array}{r} 5 \\ \times\ 5 \\ \hline \end{array}$

25) $\begin{array}{r} 1 \\ \times\ 7 \\ \hline \end{array}$

26) $\begin{array}{r} 11 \\ \times\ 1 \\ \hline \end{array}$

27) $\begin{array}{r} 9 \\ \times\ 6 \\ \hline \end{array}$

28) $\begin{array}{r} 10 \\ \times\ 9 \\ \hline \end{array}$

29) $\begin{array}{r} 10 \\ \times\ 9 \\ \hline \end{array}$

30) $\begin{array}{r} 10 \\ \times\ 5 \\ \hline \end{array}$

31) $\begin{array}{r} 3 \\ \times\ 12 \\ \hline \end{array}$

32) $\begin{array}{r} 2 \\ \times\ 3 \\ \hline \end{array}$

33) $\begin{array}{r} 7 \\ \times\ 4 \\ \hline \end{array}$

34) $\begin{array}{r} 1 \\ \times\ 3 \\ \hline \end{array}$

35) $\begin{array}{r} 4 \\ \times\ 10 \\ \hline \end{array}$

36) $\begin{array}{r} 7 \\ \times\ 9 \\ \hline \end{array}$

37) $\begin{array}{r} 10 \\ \times\ 4 \\ \hline \end{array}$

38) $\begin{array}{r} 12 \\ \times\ 10 \\ \hline \end{array}$

39) $\begin{array}{r} 11 \\ \times\ 8 \\ \hline \end{array}$

40) $\begin{array}{r} 4 \\ \times\ 1 \\ \hline \end{array}$

41) $\begin{array}{r} 4 \\ \times\ 4 \\ \hline \end{array}$

42) $\begin{array}{r} 4 \\ \times\ 3 \\ \hline \end{array}$

43) $\begin{array}{r} 4 \\ \times\ 10 \\ \hline \end{array}$

44) $\begin{array}{r} 6 \\ \times\ 5 \\ \hline \end{array}$

45) $\begin{array}{r} 5 \\ \times\ 8 \\ \hline \end{array}$

46) $\begin{array}{r} 4 \\ \times\ 10 \\ \hline \end{array}$

47) $\begin{array}{r} 12 \\ \times\ 12 \\ \hline \end{array}$

48) $\begin{array}{r} 5 \\ \times\ 6 \\ \hline \end{array}$

49) $\begin{array}{r} 9 \\ \times\ 12 \\ \hline \end{array}$

50) $\begin{array}{r} 11 \\ \times\ 2 \\ \hline \end{array}$

51) $\begin{array}{r} 6 \\ \times\ 12 \\ \hline \end{array}$

52) $\begin{array}{r} 6 \\ \times\ 7 \\ \hline \end{array}$

53) $\begin{array}{r} 7 \\ \times\ 6 \\ \hline \end{array}$

54) $\begin{array}{r} 10 \\ \times\ 3 \\ \hline \end{array}$

55) $\begin{array}{r} 8 \\ \times\ 8 \\ \hline \end{array}$

56) $\begin{array}{r} 6 \\ \times\ 7 \\ \hline \end{array}$

57) $\begin{array}{r} 11 \\ \times\ 2 \\ \hline \end{array}$

58) $\begin{array}{r} 12 \\ \times\ 5 \\ \hline \end{array}$

59) $\begin{array}{r} 4 \\ \times\ 6 \\ \hline \end{array}$

60) $\begin{array}{r} 9 \\ \times\ 2 \\ \hline \end{array}$

1) $\times \begin{array}{r}6\\10\end{array}$	2) $\times \begin{array}{r}8\\12\end{array}$	3) $\times \begin{array}{r}7\\1\end{array}$	4) $\times \begin{array}{r}9\\1\end{array}$	5) $\times \begin{array}{r}8\\4\end{array}$	6) $\times \begin{array}{r}1\\1\end{array}$
7) $\times \begin{array}{r}1\\6\end{array}$	8) $\times \begin{array}{r}3\\5\end{array}$	9) $\times \begin{array}{r}2\\12\end{array}$	10) $\times \begin{array}{r}2\\5\end{array}$	11) $\times \begin{array}{r}10\\7\end{array}$	12) $\times \begin{array}{r}5\\3\end{array}$
13) $\times \begin{array}{r}1\\3\end{array}$	14) $\times \begin{array}{r}4\\10\end{array}$	15) $\times \begin{array}{r}2\\4\end{array}$	16) $\times \begin{array}{r}7\\7\end{array}$	17) $\times \begin{array}{r}8\\12\end{array}$	18) $\times \begin{array}{r}1\\11\end{array}$
19) $\times \begin{array}{r}10\\1\end{array}$	20) $\times \begin{array}{r}5\\8\end{array}$	21) $\times \begin{array}{r}10\\8\end{array}$	22) $\times \begin{array}{r}12\\8\end{array}$	23) $\times \begin{array}{r}5\\2\end{array}$	24) $\times \begin{array}{r}7\\4\end{array}$
25) $\times \begin{array}{r}12\\6\end{array}$	26) $\times \begin{array}{r}8\\10\end{array}$	27) $\times \begin{array}{r}4\\11\end{array}$	28) $\times \begin{array}{r}11\\2\end{array}$	29) $\times \begin{array}{r}12\\10\end{array}$	30) $\times \begin{array}{r}12\\1\end{array}$
31) $\times \begin{array}{r}9\\5\end{array}$	32) $\times \begin{array}{r}11\\12\end{array}$	33) $\times \begin{array}{r}8\\8\end{array}$	34) $\times \begin{array}{r}12\\10\end{array}$	35) $\times \begin{array}{r}8\\7\end{array}$	36) $\times \begin{array}{r}8\\5\end{array}$
37) $\times \begin{array}{r}10\\12\end{array}$	38) $\times \begin{array}{r}3\\7\end{array}$	39) $\times \begin{array}{r}2\\3\end{array}$	40) $\times \begin{array}{r}12\\6\end{array}$	41) $\times \begin{array}{r}11\\2\end{array}$	42) $\times \begin{array}{r}8\\3\end{array}$
43) $\times \begin{array}{r}5\\12\end{array}$	44) $\times \begin{array}{r}1\\3\end{array}$	45) $\times \begin{array}{r}3\\6\end{array}$	46) $\times \begin{array}{r}8\\5\end{array}$	47) $\times \begin{array}{r}12\\10\end{array}$	48) $\times \begin{array}{r}4\\6\end{array}$
49) $\times \begin{array}{r}8\\5\end{array}$	50) $\times \begin{array}{r}10\\12\end{array}$	51) $\times \begin{array}{r}8\\1\end{array}$	52) $\times \begin{array}{r}10\\4\end{array}$	53) $\times \begin{array}{r}11\\4\end{array}$	54) $\times \begin{array}{r}7\\6\end{array}$
55) $\times \begin{array}{r}2\\3\end{array}$	56) $\times \begin{array}{r}4\\4\end{array}$	57) $\times \begin{array}{r}7\\2\end{array}$	58) $\times \begin{array}{r}10\\8\end{array}$	59) $\times \begin{array}{r}12\\12\end{array}$	60) $\times \begin{array}{r}3\\4\end{array}$

DAY 84   **TIME:**   **SCORE:**   **/60**

1) 8×7
2) 1×8
3) 3×1
4) 11×1
5) 5×6
6) 11×6

7) 2×3
8) 9×11
9) 6×9
10) 12×2
11) 7×8
12) 11×4

13) 12×2
14) 2×11
15) 7×2
16) 3×2
17) 3×12
18) 10×5

19) 2×2
20) 4×3
21) 3×5
22) 5×6
23) 9×3
24) 12×5

25) 8×5
26) 11×5
27) 12×11
28) 8×3
29) 12×12
30) 12×10

31) 12×6
32) 4×11
33) 4×12
34) 9×2
35) 9×12
36) 2×9

37) 1×3
38) 1×9
39) 8×5
40) 3×12
41) 1×2
42) 8×9

43) 8×2
44) 1×5
45) 6×2
46) 2×11
47) 1×3
48) 1×1

49) 10×4
50) 5×5
51) 5×1
52) 8×1
53) 4×12
54) 12×4

55) 10×3
56) 5×4
57) 10×3
58) 5×12
59) 4×7
60) 7×8

DAY 85   **TIME:**   **SCORE:**   **/60**

1) 5×1	2) 9×9	3) 11×5	4) 2×3	5) 7×12	6) 10×9
7) 1×7	8) 7×5	9) 1×8	10) 5×12	11) 9×9	12) 1×4
13) 4×2	14) 8×4	15) 10×8	16) 11×4	17) 9×8	18) 2×9
19) 10×10	20) 6×9	21) 4×12	22) 9×9	23) 9×10	24) 2×8
25) 9×1	26) 3×9	27) 11×8	28) 12×4	29) 4×12	30) 7×2
31) 4×7	32) 12×12	33) 12×7	34) 7×1	35) 6×10	36) 9×11
37) 11×6	38) 5×3	39) 10×5	40) 8×11	41) 3×6	42) 11×5
43) 6×1	44) 11×3	45) 3×7	46) 11×1	47) 8×9	48) 9×4
49) 2×2	50) 12×10	51) 7×8	52) 6×9	53) 8×4	54) 1×11
55) 12×5	56) 2×2	57) 12×10	58) 5×12	59) 1×4	60) 7×3

1) $\begin{array}{r} 2 \\ \times\ 6 \\ \hline \end{array}$ 2) $\begin{array}{r} 7 \\ \times\ 3 \\ \hline \end{array}$ 3) $\begin{array}{r} 1 \\ \times\ 1 \\ \hline \end{array}$ 4) $\begin{array}{r} 12 \\ \times\ 2 \\ \hline \end{array}$ 5) $\begin{array}{r} 5 \\ \times\ 10 \\ \hline \end{array}$ 6) $\begin{array}{r} 6 \\ \times\ 9 \\ \hline \end{array}$

7) $\begin{array}{r} 7 \\ \times\ 4 \\ \hline \end{array}$ 8) $\begin{array}{r} 5 \\ \times\ 4 \\ \hline \end{array}$ 9) $\begin{array}{r} 3 \\ \times\ 6 \\ \hline \end{array}$ 10) $\begin{array}{r} 9 \\ \times\ 12 \\ \hline \end{array}$ 11) $\begin{array}{r} 7 \\ \times\ 5 \\ \hline \end{array}$ 12) $\begin{array}{r} 5 \\ \times\ 6 \\ \hline \end{array}$

13) $\begin{array}{r} 6 \\ \times\ 10 \\ \hline \end{array}$ 14) $\begin{array}{r} 11 \\ \times\ 8 \\ \hline \end{array}$ 15) $\begin{array}{r} 6 \\ \times\ 5 \\ \hline \end{array}$ 16) $\begin{array}{r} 3 \\ \times\ 10 \\ \hline \end{array}$ 17) $\begin{array}{r} 8 \\ \times\ 6 \\ \hline \end{array}$ 18) $\begin{array}{r} 4 \\ \times\ 2 \\ \hline \end{array}$

19) $\begin{array}{r} 3 \\ \times\ 1 \\ \hline \end{array}$ 20) $\begin{array}{r} 1 \\ \times\ 8 \\ \hline \end{array}$ 21) $\begin{array}{r} 5 \\ \times\ 3 \\ \hline \end{array}$ 22) $\begin{array}{r} 6 \\ \times\ 7 \\ \hline \end{array}$ 23) $\begin{array}{r} 4 \\ \times\ 11 \\ \hline \end{array}$ 24) $\begin{array}{r} 2 \\ \times\ 10 \\ \hline \end{array}$

25) $\begin{array}{r} 6 \\ \times\ 5 \\ \hline \end{array}$ 26) $\begin{array}{r} 10 \\ \times\ 6 \\ \hline \end{array}$ 27) $\begin{array}{r} 11 \\ \times\ 7 \\ \hline \end{array}$ 28) $\begin{array}{r} 3 \\ \times\ 4 \\ \hline \end{array}$ 29) $\begin{array}{r} 3 \\ \times\ 1 \\ \hline \end{array}$ 30) $\begin{array}{r} 5 \\ \times\ 3 \\ \hline \end{array}$

31) $\begin{array}{r} 8 \\ \times\ 4 \\ \hline \end{array}$ 32) $\begin{array}{r} 7 \\ \times\ 6 \\ \hline \end{array}$ 33) $\begin{array}{r} 7 \\ \times\ 8 \\ \hline \end{array}$ 34) $\begin{array}{r} 2 \\ \times\ 12 \\ \hline \end{array}$ 35) $\begin{array}{r} 8 \\ \times\ 7 \\ \hline \end{array}$ 36) $\begin{array}{r} 5 \\ \times\ 11 \\ \hline \end{array}$

37) $\begin{array}{r} 8 \\ \times\ 12 \\ \hline \end{array}$ 38) $\begin{array}{r} 12 \\ \times\ 10 \\ \hline \end{array}$ 39) $\begin{array}{r} 9 \\ \times\ 6 \\ \hline \end{array}$ 40) $\begin{array}{r} 12 \\ \times\ 7 \\ \hline \end{array}$ 41) $\begin{array}{r} 3 \\ \times\ 9 \\ \hline \end{array}$ 42) $\begin{array}{r} 10 \\ \times\ 5 \\ \hline \end{array}$

43) $\begin{array}{r} 11 \\ \times\ 6 \\ \hline \end{array}$ 44) $\begin{array}{r} 10 \\ \times\ 1 \\ \hline \end{array}$ 45) $\begin{array}{r} 5 \\ \times\ 8 \\ \hline \end{array}$ 46) $\begin{array}{r} 11 \\ \times\ 9 \\ \hline \end{array}$ 47) $\begin{array}{r} 11 \\ \times\ 10 \\ \hline \end{array}$ 48) $\begin{array}{r} 9 \\ \times\ 10 \\ \hline \end{array}$

49) $\begin{array}{r} 2 \\ \times\ 11 \\ \hline \end{array}$ 50) $\begin{array}{r} 2 \\ \times\ 5 \\ \hline \end{array}$ 51) $\begin{array}{r} 4 \\ \times\ 2 \\ \hline \end{array}$ 52) $\begin{array}{r} 2 \\ \times\ 6 \\ \hline \end{array}$ 53) $\begin{array}{r} 8 \\ \times\ 8 \\ \hline \end{array}$ 54) $\begin{array}{r} 5 \\ \times\ 4 \\ \hline \end{array}$

55) $\begin{array}{r} 5 \\ \times\ 2 \\ \hline \end{array}$ 56) $\begin{array}{r} 4 \\ \times\ 2 \\ \hline \end{array}$ 57) $\begin{array}{r} 9 \\ \times\ 11 \\ \hline \end{array}$ 58) $\begin{array}{r} 2 \\ \times\ 8 \\ \hline \end{array}$ 59) $\begin{array}{r} 9 \\ \times\ 12 \\ \hline \end{array}$ 60) $\begin{array}{r} 12 \\ \times\ 7 \\ \hline \end{array}$

1) $\begin{array}{r} 12 \\ \times\ 11 \\ \hline \end{array}$	2) $\begin{array}{r} 5 \\ \times\ 2 \\ \hline \end{array}$	3) $\begin{array}{r} 8 \\ \times\ 11 \\ \hline \end{array}$	4) $\begin{array}{r} 10 \\ \times\ 2 \\ \hline \end{array}$	5) $\begin{array}{r} 11 \\ \times\ 9 \\ \hline \end{array}$	6) $\begin{array}{r} 8 \\ \times\ 2 \\ \hline \end{array}$
7) $\begin{array}{r} 8 \\ \times\ 4 \\ \hline \end{array}$	8) $\begin{array}{r} 11 \\ \times\ 9 \\ \hline \end{array}$	9) $\begin{array}{r} 7 \\ \times\ 10 \\ \hline \end{array}$	10) $\begin{array}{r} 9 \\ \times\ 10 \\ \hline \end{array}$	11) $\begin{array}{r} 2 \\ \times\ 10 \\ \hline \end{array}$	12) $\begin{array}{r} 10 \\ \times\ 6 \\ \hline \end{array}$
13) $\begin{array}{r} 12 \\ \times\ 8 \\ \hline \end{array}$	14) $\begin{array}{r} 10 \\ \times\ 6 \\ \hline \end{array}$	15) $\begin{array}{r} 3 \\ \times\ 1 \\ \hline \end{array}$	16) $\begin{array}{r} 4 \\ \times\ 3 \\ \hline \end{array}$	17) $\begin{array}{r} 5 \\ \times\ 6 \\ \hline \end{array}$	18) $\begin{array}{r} 2 \\ \times\ 8 \\ \hline \end{array}$
19) $\begin{array}{r} 1 \\ \times\ 8 \\ \hline \end{array}$	20) $\begin{array}{r} 11 \\ \times\ 7 \\ \hline \end{array}$	21) $\begin{array}{r} 5 \\ \times\ 9 \\ \hline \end{array}$	22) $\begin{array}{r} 6 \\ \times\ 6 \\ \hline \end{array}$	23) $\begin{array}{r} 9 \\ \times\ 8 \\ \hline \end{array}$	24) $\begin{array}{r} 6 \\ \times\ 2 \\ \hline \end{array}$
25) $\begin{array}{r} 8 \\ \times\ 6 \\ \hline \end{array}$	26) $\begin{array}{r} 6 \\ \times\ 9 \\ \hline \end{array}$	27) $\begin{array}{r} 11 \\ \times\ 12 \\ \hline \end{array}$	28) $\begin{array}{r} 12 \\ \times\ 7 \\ \hline \end{array}$	29) $\begin{array}{r} 6 \\ \times\ 10 \\ \hline \end{array}$	30) $\begin{array}{r} 10 \\ \times\ 8 \\ \hline \end{array}$
31) $\begin{array}{r} 10 \\ \times\ 2 \\ \hline \end{array}$	32) $\begin{array}{r} 10 \\ \times\ 2 \\ \hline \end{array}$	33) $\begin{array}{r} 1 \\ \times\ 3 \\ \hline \end{array}$	34) $\begin{array}{r} 8 \\ \times\ 9 \\ \hline \end{array}$	35) $\begin{array}{r} 11 \\ \times\ 8 \\ \hline \end{array}$	36) $\begin{array}{r} 7 \\ \times\ 10 \\ \hline \end{array}$
37) $\begin{array}{r} 2 \\ \times\ 1 \\ \hline \end{array}$	38) $\begin{array}{r} 1 \\ \times\ 4 \\ \hline \end{array}$	39) $\begin{array}{r} 6 \\ \times\ 2 \\ \hline \end{array}$	40) $\begin{array}{r} 12 \\ \times\ 1 \\ \hline \end{array}$	41) $\begin{array}{r} 4 \\ \times\ 9 \\ \hline \end{array}$	42) $\begin{array}{r} 12 \\ \times\ 10 \\ \hline \end{array}$
43) $\begin{array}{r} 2 \\ \times\ 4 \\ \hline \end{array}$	44) $\begin{array}{r} 8 \\ \times\ 5 \\ \hline \end{array}$	45) $\begin{array}{r} 4 \\ \times\ 7 \\ \hline \end{array}$	46) $\begin{array}{r} 2 \\ \times\ 4 \\ \hline \end{array}$	47) $\begin{array}{r} 6 \\ \times\ 7 \\ \hline \end{array}$	48) $\begin{array}{r} 7 \\ \times\ 7 \\ \hline \end{array}$
49) $\begin{array}{r} 12 \\ \times\ 9 \\ \hline \end{array}$	50) $\begin{array}{r} 11 \\ \times\ 5 \\ \hline \end{array}$	51) $\begin{array}{r} 3 \\ \times\ 1 \\ \hline \end{array}$	52) $\begin{array}{r} 10 \\ \times\ 3 \\ \hline \end{array}$	53) $\begin{array}{r} 5 \\ \times\ 5 \\ \hline \end{array}$	54) $\begin{array}{r} 6 \\ \times\ 8 \\ \hline \end{array}$
55) $\begin{array}{r} 8 \\ \times\ 5 \\ \hline \end{array}$	56) $\begin{array}{r} 12 \\ \times\ 11 \\ \hline \end{array}$	57) $\begin{array}{r} 4 \\ \times\ 6 \\ \hline \end{array}$	58) $\begin{array}{r} 2 \\ \times\ 11 \\ \hline \end{array}$	59) $\begin{array}{r} 2 \\ \times\ 6 \\ \hline \end{array}$	60) $\begin{array}{r} 2 \\ \times\ 5 \\ \hline \end{array}$

1) 2×12	2) 9×9	3) 1×7	4) 6×9	5) 3×2	6) 3×12
7) 3×1	8) 8×8	9) 3×8	10) 9×3	11) 3×12	12) 10×12
13) 10×9	14) 4×10	15) 6×7	16) 5×12	17) 6×7	18) 2×10
19) 3×12	20) 8×5	21) 12×12	22) 6×4	23) 8×4	24) 1×12
25) 10×11	26) 12×5	27) 10×5	28) 5×10	29) 4×4	30) 10×10
31) 5×10	32) 2×8	33) 4×1	34) 1×12	35) 10×12	36) 11×2
37) 8×7	38) 4×12	39) 2×5	40) 12×3	41) 4×2	42) 1×10
43) 9×7	44) 6×5	45) 7×1	46) 2×1	47) 2×10	48) 10×8
49) 5×2	50) 1×12	51) 7×11	52) 5×8	53) 10×8	54) 12×4
55) 6×11	56) 2×7	57) 10×6	58) 5×4	59) 1×6	60) 8×7

1) 9×3

2) 8×12

3) 8×10

4) 6×7

5) 6×5

6) 5×10

7) 5×7

8) 4×2

9) 2×7

10) 6×10

11) 4×4

12) 9×2

13) 11×6

14) 6×6

15) 8×1

16) 4×7

17) 3×10

18) 3×4

19) 6×3

20) 12×6

21) 3×5

22) 6×7

23) 11×2

24) 2×12

25) 5×2

26) 4×2

27) 1×7

28) 10×6

29) 3×11

30) 4×10

31) 11×10

32) 11×3

33) 2×7

34) 9×3

35) 6×2

36) 6×12

37) 8×2

38) 9×8

39) 12×5

40) 9×1

41) 9×5

42) 7×10

43) 2×8

44) 5×11

45) 5×7

46) 8×5

47) 5×7

48) 5×9

49) 11×8

50) 6×11

51) 11×11

52) 8×7

53) 7×11

54) 1×2

55) 7×7

56) 3×12

57) 5×2

58) 10×3

59) 9×7

60) 4×5

1) 12 × 4

2) 7 × 10

3) 1 × 2

4) 8 × 10

5) 8 × 12

6) 7 × 2

7) 11 × 5

8) 2 × 3

9) 8 × 10

10) 12 × 5

11) 8 × 9

12) 2 × 7

13) 9 × 5

14) 6 × 5

15) 4 × 11

16) 3 × 1

17) 2 × 6

18) 12 × 3

19) 8 × 1

20) 2 × 11

21) 6 × 12

22) 11 × 5

23) 11 × 4

24) 12 × 1

25) 7 × 5

26) 1 × 2

27) 5 × 11

28) 9 × 2

29) 8 × 8

30) 6 × 5

31) 7 × 5

32) 6 × 5

33) 12 × 11

34) 11 × 3

35) 11 × 9

36) 7 × 10

37) 6 × 12

38) 7 × 6

39) 5 × 9

40) 1 × 2

41) 3 × 10

42) 5 × 6

43) 2 × 5

44) 11 × 2

45) 2 × 6

46) 4 × 4

47) 2 × 2

48) 4 × 10

49) 1 × 3

50) 2 × 6

51) 4 × 1

52) 3 × 6

53) 5 × 7

54) 12 × 11

55) 12 × 9

56) 2 × 5

57) 9 × 5

58) 7 × 10

59) 10 × 3

60) 1 × 12

DAY 91   **TIME:**   **SCORE:**   **/60**

1) 12 × 9

2) 8 × 12

3) 11 × 4

4) 7 × 12

5) 6 × 3

6) 6 × 8

7) 11 × 7

8) 6 × 7

9) 12 × 9

10) 6 × 8

11) 5 × 10

12) 2 × 6

13) 6 × 10

14) 8 × 7

15) 3 × 4

16) 12 × 9

17) 9 × 7

18) 8 × 8

19) 1 × 12

20) 11 × 2

21) 2 × 3

22) 12 × 4

23) 6 × 7

24) 12 × 6

25) 11 × 4

26) 5 × 8

27) 1 × 9

28) 11 × 3

29) 9 × 8

30) 1 × 1

31) 11 × 10

32) 2 × 12

33) 2 × 12

34) 2 × 9

35) 3 × 8

36) 7 × 3

37) 2 × 9

38) 7 × 2

39) 11 × 3

40) 9 × 8

41) 1 × 3

42) 3 × 8

43) 11 × 9

44) 3 × 4

45) 7 × 4

46) 12 × 11

47) 12 × 3

48) 12 × 5

49) 12 × 7

50) 10 × 10

51) 10 × 4

52) 8 × 3

53) 7 × 4

54) 3 × 9

55) 9 × 3

56) 4 × 12

57) 3 × 11

58) 2 × 12

59) 2 × 8

60) 5 × 3

1)
$$3 \times 3$$

2)
$$11 \times 5$$

3)
$$7 \times 12$$

4)
$$12 \times 10$$

5)
$$3 \times 9$$

6)
$$3 \times 10$$

7)
$$11 \times 2$$

8)
$$5 \times 2$$

9)
$$11 \times 2$$

10)
$$12 \times 12$$

11)
$$9 \times 4$$

12)
$$9 \times 2$$

13)
$$6 \times 1$$

14)
$$7 \times 1$$

15)
$$2 \times 7$$

16)
$$3 \times 10$$

17)
$$10 \times 9$$

18)
$$11 \times 12$$

19)
$$3 \times 6$$

20)
$$7 \times 1$$

21)
$$2 \times 8$$

22)
$$1 \times 9$$

23)
$$2 \times 1$$

24)
$$11 \times 10$$

25)
$$12 \times 1$$

26)
$$7 \times 5$$

27)
$$7 \times 4$$

28)
$$3 \times 6$$

29)
$$5 \times 6$$

30)
$$2 \times 2$$

31)
$$8 \times 12$$

32)
$$1 \times 4$$

33)
$$3 \times 6$$

34)
$$7 \times 9$$

35)
$$11 \times 6$$

36)
$$9 \times 12$$

37)
$$1 \times 9$$

38)
$$3 \times 10$$

39)
$$3 \times 5$$

40)
$$7 \times 3$$

41)
$$12 \times 1$$

42)
$$12 \times 4$$

43)
$$2 \times 1$$

44)
$$4 \times 5$$

45)
$$3 \times 9$$

46)
$$11 \times 4$$

47)
$$2 \times 10$$

48)
$$6 \times 12$$

49)
$$1 \times 11$$

50)
$$9 \times 12$$

51)
$$2 \times 12$$

52)
$$4 \times 10$$

53)
$$1 \times 11$$

54)
$$4 \times 3$$

55)
$$2 \times 5$$

56)
$$6 \times 12$$

57)
$$8 \times 10$$

58)
$$9 \times 2$$

59)
$$10 \times 2$$

60)
$$9 \times 11$$

1) 5 × 1	2) 12 × 11	3) 12 × 12	4) 10 × 9	5) 3 × 6	6) 3 × 7
7) 8 × 6	8) 3 × 6	9) 8 × 11	10) 12 × 7	11) 12 × 2	12) 6 × 1
13) 4 × 7	14) 10 × 7	15) 10 × 8	16) 1 × 10	17) 3 × 12	18) 7 × 4
19) 11 × 12	20) 5 × 2	21) 9 × 7	22) 10 × 6	23) 12 × 10	24) 1 × 9
25) 7 × 11	26) 9 × 3	27) 1 × 3	28) 1 × 6	29) 8 × 2	30) 10 × 1
31) 9 × 11	32) 2 × 1	33) 2 × 8	34) 8 × 8	35) 6 × 2	36) 3 × 4
37) 10 × 8	38) 3 × 1	39) 4 × 7	40) 2 × 10	41) 10 × 7	42) 12 × 12
43) 7 × 4	44) 2 × 2	45) 8 × 2	46) 3 × 12	47) 9 × 3	48) 1 × 1
49) 1 × 8	50) 1 × 5	51) 7 × 1	52) 7 × 7	53) 2 × 12	54) 11 × 4
55) 3 × 9	56) 7 × 7	57) 6 × 12	58) 1 × 7	59) 3 × 6	60) 10 × 11

1) 10 × 11

2) 2 × 8

3) 3 × 3

4) 2 × 8

5) 6 × 11

6) 4 × 4

7) 10 × 8

8) 7 × 7

9) 9 × 4

10) 11 × 7

11) 8 × 10

12) 11 × 1

13) 2 × 8

14) 7 × 6

15) 6 × 1

16) 9 × 5

17) 12 × 12

18) 11 × 2

19) 2 × 7

20) 5 × 12

21) 1 × 11

22) 9 × 2

23) 9 × 8

24) 8 × 4

25) 6 × 10

26) 2 × 6

27) 2 × 2

28) 6 × 10

29) 3 × 12

30) 2 × 2

31) 9 × 2

32) 6 × 4

33) 2 × 9

34) 1 × 12

35) 6 × 10

36) 1 × 11

37) 12 × 11

38) 12 × 7

39) 6 × 9

40) 1 × 8

41) 4 × 7

42) 5 × 3

43) 1 × 7

44) 7 × 11

45) 5 × 9

46) 6 × 7

47) 7 × 5

48) 11 × 3

49) 11 × 5

50) 8 × 6

51) 5 × 10

52) 5 × 11

53) 1 × 7

54) 8 × 9

55) 10 × 10

56) 12 × 12

57) 2 × 6

58) 4 × 4

59) 4 × 6

60) 10 × 10

1) 12×2	2) 7×12	3) 7×8	4) 12×7	5) 5×1	6) 2×12
7) 7×3	8) 3×10	9) 6×2	10) 3×10	11) 12×5	12) 3×8
13) 11×1	14) 6×4	15) 12×10	16) 11×9	17) 4×1	18) 7×7
19) 1×11	20) 12×10	21) 9×10	22) 5×1	23) 4×9	24) 12×3
25) 1×1	26) 3×4	27) 2×3	28) 11×6	29) 1×9	30) 7×9
31) 12×8	32) 3×1	33) 10×1	34) 10×11	35) 8×10	36) 12×11
37) 1×5	38) 2×11	39) 11×9	40) 12×10	41) 10×6	42) 1×3
43) 1×3	44) 9×6	45) 4×7	46) 8×5	47) 4×2	48) 2×5
49) 4×4	50) 12×6	51) 9×5	52) 2×5	53) 5×4	54) 7×9
55) 11×1	56) 1×5	57) 1×12	58) 3×5	59) 3×1	60) 6×11

1) 4×2	2) 7×3	3) 5×2	4) 11×5	5) 2×3	6) 3×12
7) 2×10	8) 3×1	9) 10×12	10) 3×6	11) 4×12	12) 12×3
13) 8×4	14) 9×2	15) 2×5	16) 9×2	17) 1×6	18) 11×6
19) 9×3	20) 8×11	21) 10×11	22) 11×4	23) 7×2	24) 12×1
25) 11×12	26) 11×11	27) 2×2	28) 2×2	29) 9×6	30) 7×5
31) 7×2	32) 1×1	33) 6×1	34) 10×3	35) 3×7	36) 4×12
37) 10×10	38) 9×1	39) 5×12	40) 11×11	41) 7×10	42) 10×8
43) 3×2	44) 3×3	45) 9×11	46) 4×9	47) 1×7	48) 5×10
49) 1×12	50) 7×12	51) 4×11	52) 1×6	53) 10×9	54) 2×10
55) 4×6	56) 4×11	57) 12×12	58) 8×4	59) 6×10	60) 11×5

DAY 97   **TIME:**   **SCORE: /60**

1) 4 × 4

2) 5 × 12

3) 8 × 11

4) 10 × 6

5) 3 × 10

6) 3 × 7

7) 8 × 9

8) 5 × 6

9) 8 × 6

10) 11 × 6

11) 3 × 2

12) 5 × 7

13) 1 × 2

14) 8 × 12

15) 10 × 6

16) 12 × 1

17) 1 × 8

18) 7 × 6

19) 6 × 9

20) 1 × 9

21) 8 × 10

22) 11 × 8

23) 9 × 4

24) 8 × 5

25) 5 × 8

26) 8 × 8

27) 8 × 2

28) 5 × 11

29) 2 × 4

30) 11 × 6

31) 7 × 1

32) 7 × 4

33) 2 × 8

34) 5 × 6

35) 7 × 3

36) 9 × 9

37) 4 × 6

38) 7 × 1

39) 8 × 6

40) 4 × 6

41) 3 × 2

42) 5 × 5

43) 8 × 4

44) 4 × 12

45) 11 × 10

46) 4 × 2

47) 6 × 1

48) 8 × 1

49) 3 × 2

50) 9 × 3

51) 10 × 7

52) 11 × 12

53) 10 × 9

54) 1 × 7

55) 12 × 9

56) 12 × 2

57) 5 × 4

58) 12 × 11

59) 10 × 5

60) 1 × 6

DAY 98   **TIME:**   **SCORE: /60**

1) 1×3　2) 11×8　3) 4×10　4) 4×7　5) 12×12　6) 2×1

7) 6×4　8) 2×5　9) 11×11　10) 11×11　11) 5×3　12) 5×8

13) 8×12　14) 2×2　15) 4×8　16) 4×9　17) 12×11　18) 1×9

19) 4×2　20) 1×5　21) 4×5　22) 3×5　23) 4×6　24) 8×2

25) 8×6　26) 4×6　27) 4×10　28) 7×5　29) 12×9　30) 1×4

31) 9×9　32) 10×11　33) 8×2　34) 11×6　35) 8×1　36) 6×4

37) 9×4　38) 10×9　39) 9×7　40) 4×5　41) 8×5　42) 3×5

43) 7×2　44) 5×4　45) 6×2　46) 8×11　47) 5×11　48) 2×4

49) 5×3　50) 9×1　51) 7×3　52) 11×3　53) 5×9　54) 11×9

55) 3×6　56) 2×6　57) 4×10　58) 11×7　59) 5×3　60) 3×12

1) 10×7	2) 3×7	3) 5×6	4) 8×5	5) 3×3	6) 7×2
7) 4×11	8) 3×1	9) 6×6	10) 3×1	11) 12×1	12) 12×5
13) 7×2	14) 3×9	15) 11×11	16) 7×9	17) 4×1	18) 1×8
19) 7×5	20) 4×1	21) 2×11	22) 8×12	23) 10×4	24) 9×8
25) 2×10	26) 1×1	27) 2×1	28) 7×12	29) 12×12	30) 10×5
31) 1×12	32) 9×5	33) 1×3	34) 6×7	35) 6×8	36) 7×11
37) 12×6	38) 3×1	39) 11×3	40) 10×4	41) 4×12	42) 3×3
43) 1×11	44) 1×4	45) 10×6	46) 4×2	47) 7×7	48) 1×12
49) 9×1	50) 5×2	51) 2×6	52) 8×4	53) 1×8	54) 8×1
55) 5×3	56) 6×3	57) 9×4	58) 3×6	59) 11×9	60) 8×9

1) $\begin{array}{r}11\\ \times\ 12\\\hline\end{array}$	2) $\begin{array}{r}10\\ \times\ 4\\\hline\end{array}$	3) $\begin{array}{r}12\\ \times\ 10\\\hline\end{array}$	4) $\begin{array}{r}12\\ \times\ 2\\\hline\end{array}$	5) $\begin{array}{r}12\\ \times\ 3\\\hline\end{array}$	6) $\begin{array}{r}3\\ \times\ 10\\\hline\end{array}$
7) $\begin{array}{r}7\\ \times\ 6\\\hline\end{array}$	8) $\begin{array}{r}5\\ \times\ 5\\\hline\end{array}$	9) $\begin{array}{r}1\\ \times\ 11\\\hline\end{array}$	10) $\begin{array}{r}2\\ \times\ 3\\\hline\end{array}$	11) $\begin{array}{r}12\\ \times\ 11\\\hline\end{array}$	12) $\begin{array}{r}11\\ \times\ 8\\\hline\end{array}$
13) $\begin{array}{r}5\\ \times\ 5\\\hline\end{array}$	14) $\begin{array}{r}4\\ \times\ 11\\\hline\end{array}$	15) $\begin{array}{r}10\\ \times\ 8\\\hline\end{array}$	16) $\begin{array}{r}2\\ \times\ 2\\\hline\end{array}$	17) $\begin{array}{r}9\\ \times\ 10\\\hline\end{array}$	18) $\begin{array}{r}6\\ \times\ 1\\\hline\end{array}$
19) $\begin{array}{r}1\\ \times\ 10\\\hline\end{array}$	20) $\begin{array}{r}7\\ \times\ 8\\\hline\end{array}$	21) $\begin{array}{r}6\\ \times\ 9\\\hline\end{array}$	22) $\begin{array}{r}6\\ \times\ 1\\\hline\end{array}$	23) $\begin{array}{r}7\\ \times\ 5\\\hline\end{array}$	24) $\begin{array}{r}3\\ \times\ 6\\\hline\end{array}$
25) $\begin{array}{r}11\\ \times\ 12\\\hline\end{array}$	26) $\begin{array}{r}9\\ \times\ 11\\\hline\end{array}$	27) $\begin{array}{r}6\\ \times\ 7\\\hline\end{array}$	28) $\begin{array}{r}6\\ \times\ 1\\\hline\end{array}$	29) $\begin{array}{r}7\\ \times\ 12\\\hline\end{array}$	30) $\begin{array}{r}4\\ \times\ 5\\\hline\end{array}$
31) $\begin{array}{r}7\\ \times\ 6\\\hline\end{array}$	32) $\begin{array}{r}4\\ \times\ 2\\\hline\end{array}$	33) $\begin{array}{r}5\\ \times\ 8\\\hline\end{array}$	34) $\begin{array}{r}9\\ \times\ 10\\\hline\end{array}$	35) $\begin{array}{r}9\\ \times\ 12\\\hline\end{array}$	36) $\begin{array}{r}10\\ \times\ 12\\\hline\end{array}$
37) $\begin{array}{r}6\\ \times\ 3\\\hline\end{array}$	38) $\begin{array}{r}7\\ \times\ 8\\\hline\end{array}$	39) $\begin{array}{r}7\\ \times\ 11\\\hline\end{array}$	40) $\begin{array}{r}2\\ \times\ 1\\\hline\end{array}$	41) $\begin{array}{r}7\\ \times\ 8\\\hline\end{array}$	42) $\begin{array}{r}5\\ \times\ 1\\\hline\end{array}$
43) $\begin{array}{r}11\\ \times\ 6\\\hline\end{array}$	44) $\begin{array}{r}8\\ \times\ 7\\\hline\end{array}$	45) $\begin{array}{r}3\\ \times\ 9\\\hline\end{array}$	46) $\begin{array}{r}6\\ \times\ 9\\\hline\end{array}$	47) $\begin{array}{r}6\\ \times\ 1\\\hline\end{array}$	48) $\begin{array}{r}4\\ \times\ 10\\\hline\end{array}$
49) $\begin{array}{r}10\\ \times\ 1\\\hline\end{array}$	50) $\begin{array}{r}1\\ \times\ 10\\\hline\end{array}$	51) $\begin{array}{r}10\\ \times\ 9\\\hline\end{array}$	52) $\begin{array}{r}10\\ \times\ 1\\\hline\end{array}$	53) $\begin{array}{r}8\\ \times\ 9\\\hline\end{array}$	54) $\begin{array}{r}11\\ \times\ 7\\\hline\end{array}$
55) $\begin{array}{r}12\\ \times\ 1\\\hline\end{array}$	56) $\begin{array}{r}6\\ \times\ 7\\\hline\end{array}$	57) $\begin{array}{r}12\\ \times\ 12\\\hline\end{array}$	58) $\begin{array}{r}2\\ \times\ 12\\\hline\end{array}$	59) $\begin{array}{r}3\\ \times\ 10\\\hline\end{array}$	60) $\begin{array}{r}12\\ \times\ 12\\\hline\end{array}$

ANSWER KEY

Day 1

1) 1 ×10 = 10
2) 10 ×1 = 10
3) 3 × 1 = 3
4) 1 × 6 = 6
5) 5 × 1 = 5

6) 1 × 9 = 9
7) 9 × 1 = 9
8) 1 × 4 = 4
9) 2 × 1 = 2
10) 11 ×1 = 11

11) 1 ×12 = 12
12) 1 × 2 = 2
13) 1 ×11 = 11
14) 7 × 1 = 7
15) 1 × 1 = 1

16) 4 × 1 = 4
17) 6 × 1 = 6
18) 0 × 1 = 0
19) 1 × 3 = 3
20) 1 × 5 = 5

21) 1 × 7 = 7
22) 1 × 8 = 8
23) 12 ×1 = 12
24) 8 × 1 = 8
25) 1 × 0 = 0

Day 2

1) 4 × 1 = 4
2) 5 × 1 = 5
3) 12 ×1 = 12
4) 10 ×1 = 10
5) 1 × 9 = 9

6) 1 ×11 = 11
7) 6 × 1 = 6
8) 1 × 3 = 3
9) 1 × 7 = 7
10) 8 × 1 = 8

11) 1 ×12 = 12
12) 9 × 1 = 9
13) 1 × 2 = 2
14) 1 × 1 = 1
15) 0 × 1 = 0

16) 1 × 0 = 0
17) 11 ×1 = 11
18) 3 × 1 = 3
19) 1 × 8 = 8
20) 1 × 4 = 4

21) 7 × 1 = 7
22) 1 ×10 = 10
23) 2 × 1 = 2
24) 1 × 5 = 5
25) 1 × 6 = 6

Day 3

1) 1 × 8 = 8
2) 10 ×1 = 10
3) 3 × 1 = 3
4) 1 × 9 = 9
5) 1 ×11 = 11

6) 1 ×10 = 10
7) 1 × 2 = 2
8) 1 × 1 = 1
9) 5 × 1 = 5
10) 1 × 3 = 3

11) 1 × 0 = 0
12) 12 ×1 = 12
13) 7 × 1 = 7
14) 1 × 5 = 5
15) 1 × 7 = 7

16) 9 × 1 = 9
17) 8 × 1 = 8
18) 4 × 1 = 4
19) 6 × 1 = 6
20) 1 × 6 = 6

21) 1 ×12 = 12
22) 2 × 1 = 2
23) 1 × 4 = 4
24) 11 ×1 = 11
25) 0 × 1 = 0

Day 4

1) 8 × 1 = 8
2) 1 × 9 = 9
3) 1 × 7 = 7
4) 9 × 1 = 9
5) 1 ×12 = 12

6) 7 × 1 = 7
7) 1 × 5 = 5
8) 1 ×11 = 11
9) 6 × 1 = 6
10) 1 × 4 = 4

11) 1 × 3 = 3
12) 1 × 8 = 8
13) 12 ×1 = 12
14) 3 × 1 = 3
15) 11 ×1 = 11

16) 1 × 1 = 1
17) 1 × 6 = 6
18) 5 × 1 = 5
19) 1 ×10 = 10
20) 2 × 1 = 2

21) 1 × 0 = 0
22) 0 × 1 = 0
23) 1 × 2 = 2
24) 10 ×1 = 10
25) 4 × 1 = 4

Day 5

1) 1 ×11 = 11
2) 1 ×12 = 12
3) 1 × 8 = 8
4) 1 × 5 = 5
5) 1 × 3 = 3

6) 1 × 7 = 7
7) 7 × 1 = 7
8) 0 × 1 = 0
9) 4 × 1 = 4
10) 1 × 0 = 0

11) 1 × 9 = 9
12) 11 ×1 = 11
13) 2 × 1 = 2
14) 5 × 1 = 5
15) 1 × 4 = 4

16) 1 × 6 = 6
17) 1 × 2 = 2
18) 12 ×1 = 12
19) 3 × 1 = 3
20) 1 ×10 = 10

21) 9 × 1 = 9
22) 1 × 1 = 1
23) 10 ×1 = 10
24) 8 × 1 = 8
25) 6 × 1 = 6

Day 6

1) 1 ×11 = 11
2) 1 × 0 = 0
3) 1 ×12 = 12
4) 0 × 1 = 0
5) 7 × 1 = 7

6) 1 × 3 = 3
7) 6 × 1 = 6
8) 1 × 7 = 7
9) 1 × 2 = 2
10) 4 × 1 = 4

11) 3 × 1 = 3
12) 12 ×1 = 12
13) 11 ×1 = 11
14) 1 ×10 = 10
15) 1 × 9 = 9

16) 1 × 1 = 1
17) 1 × 6 = 6
18) 8 × 1 = 8
19) 5 × 1 = 5
20) 9 × 1 = 9

21) 10 ×1 = 10
22) 1 × 5 = 5
23) 1 × 8 = 8
24) 1 × 4 = 4
25) 2 × 1 = 2

Day 7

1) 2 ×10 = 20
2) 12 ×2 = 24
3) 5 × 2 = 10
4) 2 × 8 = 16
5) 6 × 2 = 12

6) 8 × 2 = 16
7) 2 ×11 = 22
8) 1 × 2 = 2
9) 10 ×2 = 20
10) 7 × 2 = 14

11) 2 × 4 = 8
12) 2 × 0 = 0
13) 3 × 2 = 6
14) 2 × 7 = 14
15) 9 × 2 = 18

16) 0 × 2 = 0
17) 2 × 9 = 18
18) 2 × 3 = 6
19) 2 × 2 = 4
20) 11 ×2 = 22

21) 2 × 1 = 2
22) 4 × 2 = 8
23) 2 × 6 = 12
24) 2 ×12 = 24
25) 2 × 5 = 10

Day 8

1) 2 × 4 = 8
2) 2 ×10 = 20
3) 2 × 0 = 0
4) 2 × 9 = 18
5) 2 × 2 = 4

6) 2 × 3 = 6
7) 2 × 7 = 14
8) 4 × 2 = 8
9) 2 × 8 = 16
10) 2 ×11 = 22

11) 5 × 2 = 10
12) 2 × 5 = 10
13) 9 × 2 = 18
14) 7 × 2 = 14
15) 2 ×12 = 24

16) 11 ×2 = 22
17) 3 × 2 = 6
18) 1 × 2 = 2
19) 0 × 2 = 0
20) 8 × 2 = 16

21) 2 × 6 = 12
22) 2 × 1 = 2
23) 12 ×2 = 24
24) 10 ×2 = 20
25) 6 × 2 = 12

Day 9

1) 2
× 2
 4

2) 2
× 5
10

3) 4
× 2
 8

4) 5
× 2
10

5) 7
× 2
14

6) 2
×9
18

7) 11
×2
22

8) 2
×12
24

9) 2
× 1
 2

10) 1
× 2
 2

11) 10
×2
20

12) 2
× 0
 0

13) 3
× 2
 6

14) 2
×10
20

15) 2
× 6
12

16) 2
× 8
16

17) 2
×11
22

18) 2
× 3
 6

19) 0
× 2
 0

20) 6
× 2
12

21) 9
× 2
18

22) 2
× 4
 8

23) 8
× 2
16

24) 2
× 7
14

25) 12
×2
24

Day 10

1) 2
× 5
10

2) 5
× 2
10

3) 2
× 2
 4

4) 2
× 3
 6

5) 2
×11
22

6) 10
×2
20

7) 2
× 4
 8

8) 12
×2
24

9) 2
× 6
12

10) 1
× 2
 2

11) 2
× 0
 0

12) 8
× 2
16

13) 4
× 2
 8

14) 2
× 7
14

15) 3
× 2
 6

16) 2
×10
20

17) 2
× 1
 2

18) 2
× 8
16

19) 2
×12
24

20) 11
×2
22

21) 7
× 2
14

22) 0
× 2
 0

23) 9
× 2
18

24) 6
× 2
12

25) 2
× 9
18

Day 11

1) 1
× 2
 2

2) 2
× 4
 8

3) 5
× 2
10

4) 2
× 3
 6

5) 2
× 6
12

6) 2
× 1
 2

7) 9
× 2
18

8) 12
×2
24

9) 3
× 2
 6

10) 2
× 0
 0

11) 8
× 2
16

12) 11
×2
22

13) 2
× 8
16

14) 4
× 2
 8

15) 2
× 2
 4

16) 2
× 7
14

17) 10
×2
20

18) 2
×10
20

19) 2
×12
24

20) 7
× 2
14

21) 2
× 5
10

22) 0
× 2
 0

23) 2
×11
22

24) 6
× 2
12

25) 2
× 9
18

Day 12

1) 12
×2
24

2) 3
× 2
 6

3) 8
× 2
16

4) 1
× 2
 2

5) 10
×2
20

6) 6
× 2
12

7) 2
× 4
 8

8) 2
× 2
 4

9) 5
× 2
10

10) 0
× 2
 0

11) 9
× 2
18

12) 2
× 3
 6

13) 2
×11
22

14) 2
× 8
16

15) 7
× 2
14

16) 11
×2
22

17) 4
× 2
 8

18) 2
× 1
 2

19) 2
×12
24

20) 2
×10
20

21) 2
× 6
12

22) 2
× 9
18

23) 2
× 7
14

24) 2
× 5
10

25) 2
× 0
 0

Day 13

1) 3 ×11 = 33
2) 3 ×12 = 36
3) 5 × 3 = 15
4) 7 × 3 = 21
5) 3 × 9 = 27

6) 6 × 3 = 18
7) 11 ×3 = 33
8) 4 × 3 = 12
9) 3 × 1 = 3
10) 0 × 3 = 0

11) 3 × 2 = 6
12) 3 × 0 = 0
13) 3 ×10 = 30
14) 3 × 8 = 24
15) 8 × 3 = 24

16) 3 × 4 = 12
17) 1 × 3 = 3
18) 3 × 6 = 18
19) 9 × 3 = 27
20) 10 ×3 = 30

21) 3 × 7 = 21
22) 12 ×3 = 36
23) 3 × 5 = 15
24) 2 × 3 = 6
25) 3 × 3 = 9

Day 14

1) 4 × 3 = 12
2) 3 × 2 = 6
3) 5 × 3 = 15
4) 9 × 3 = 27
5) 3 × 3 = 9

6) 11 ×3 = 33
7) 3 × 1 = 3
8) 12 ×3 = 36
9) 3 × 9 = 27
10) 3 × 6 = 18

11) 3 × 4 = 12
12) 3 ×12 = 36
13) 3 × 7 = 21
14) 1 × 3 = 3
15) 10 ×3 = 30

16) 6 × 3 = 18
17) 2 × 3 = 6
18) 8 × 3 = 24
19) 3 × 5 = 15
20) 0 × 3 = 0

21) 3 ×10 = 30
22) 3 × 0 = 0
23) 3 × 8 = 24
24) 7 × 3 = 21
25) 3 ×11 = 33

Day 15

1) 5 × 3 = 15
2) 3 × 1 = 3
3) 3 × 4 = 12
4) 3 × 8 = 24
5) 12 ×3 = 36

6) 2 × 3 = 6
7) 8 × 3 = 24
8) 3 × 5 = 15
9) 3 ×12 = 36
10) 3 × 9 = 27

11) 0 × 3 = 0
12) 10 ×3 = 30
13) 3 × 6 = 18
14) 1 × 3 = 3
15) 3 × 7 = 21

16) 9 × 3 = 27
17) 7 × 3 = 21
18) 3 × 0 = 0
19) 6 × 3 = 18
20) 11 ×3 = 33

21) 3 ×11 = 33
22) 3 × 2 = 6
23) 3 × 3 = 9
24) 3 ×10 = 30
25) 4 × 3 = 12

Day 16

1) 4 × 3 = 12
2) 3 × 4 = 12
3) 3 × 3 = 9
4) 3 × 1 = 3
5) 3 × 2 = 6

6) 6 × 3 = 18
7) 2 × 3 = 6
8) 8 × 3 = 24
9) 0 × 3 = 0
10) 3 × 7 = 21

11) 3 × 9 = 27
12) 3 ×11 = 33
13) 3 × 6 = 18
14) 3 × 8 = 24
15) 12 ×3 = 36

16) 9 × 3 = 27
17) 7 × 3 = 21
18) 10 ×3 = 30
19) 3 ×12 = 36
20) 3 × 0 = 0

21) 1 × 3 = 3
22) 5 × 3 = 15
23) 11 ×3 = 33
24) 3 ×10 = 30
25) 3 × 5 = 15

Day 17

1) 1 × 3 = 3
2) 12 × 3 = 36
3) 3 × 0 = 0
4) 3 × 5 = 15
5) 3 × 7 = 21
6) 4 × 3 = 12
7) 5 × 3 = 15
8) 3 × 3 = 9
9) 6 × 3 = 18
10) 3 × 8 = 24
11) 3 × 2 = 6
12) 10 × 3 = 30
13) 0 × 3 = 0
14) 3 × 4 = 12
15) 7 × 3 = 21
16) 3 × 11 = 33
17) 11 × 3 = 33
18) 3 × 6 = 18
19) 8 × 3 = 24
20) 2 × 3 = 6
21) 3 × 10 = 30
22) 3 × 1 = 3
23) 3 × 12 = 36
24) 3 × 9 = 27
25) 9 × 3 = 27

Day 18

1) 3 × 2 = 6
2) 3 × 0 = 0
3) 5 × 3 = 15
4) 4 × 3 = 12
5) 9 × 3 = 27
6) 3 × 8 = 24
7) 3 × 6 = 18
8) 12 × 3 = 36
9) 2 × 3 = 6
10) 3 × 12 = 36
11) 8 × 3 = 24
12) 3 × 7 = 21
13) 3 × 9 = 27
14) 3 × 3 = 9
15) 10 × 3 = 30
16) 3 × 10 = 30
17) 1 × 3 = 3
18) 0 × 3 = 0
19) 7 × 3 = 21
20) 11 × 3 = 33
21) 6 × 3 = 18
22) 3 × 1 = 3
23) 3 × 4 = 12
24) 3 × 11 = 33
25) 3 × 5 = 15

Day 19

1) 2 × 4 = 8
2) 4 × 1 = 4
3) 4 × 12 = 48
4) 4 × 2 = 8
5) 4 × 7 = 28
6) 0 × 4 = 0
7) 4 × 0 = 0
8) 4 × 8 = 32
9) 4 × 6 = 24
10) 4 × 4 = 16
11) 7 × 4 = 28
12) 4 × 5 = 20
13) 9 × 4 = 36
14) 4 × 10 = 40
15) 5 × 4 = 20
16) 4 × 3 = 12
17) 1 × 4 = 4
18) 12 × 4 = 48
19) 10 × 4 = 40
20) 3 × 4 = 12
21) 6 × 4 = 24
22) 11 × 4 = 44
23) 8 × 4 = 32
24) 4 × 9 = 36
25) 4 × 11 = 44

Day 20

1) 11 × 4 = 44
2) 6 × 4 = 24
3) 12 × 4 = 48
4) 7 × 4 = 28
5) 4 × 2 = 8
6) 4 × 10 = 40
7) 4 × 9 = 36
8) 4 × 3 = 12
9) 10 × 4 = 40
10) 1 × 4 = 4
11) 8 × 4 = 32
12) 4 × 0 = 0
13) 4 × 6 = 24
14) 4 × 11 = 44
15) 0 × 4 = 0
16) 4 × 5 = 20
17) 4 × 4 = 16
18) 9 × 4 = 36
19) 4 × 12 = 48
20) 3 × 4 = 12
21) 5 × 4 = 20
22) 4 × 1 = 4
23) 4 × 8 = 32
24) 4 × 7 = 28
25) 2 × 4 = 8

Day 21

1) 7 × 4 = 28
2) 4 × 11 = 44
3) 4 × 10 = 40
4) 4 × 5 = 20
5) 2 × 4 = 8
6) 4 × 12 = 48
7) 4 × 3 = 12
8) 8 × 4 = 32
9) 4 × 2 = 8
10) 9 × 4 = 36
11) 0 × 4 = 0
12) 4 × 6 = 24
13) 12 × 4 = 48
14) 11 × 4 = 44
15) 4 × 9 = 36
16) 4 × 1 = 4
17) 5 × 4 = 20
18) 4 × 0 = 0
19) 4 × 8 = 32
20) 3 × 4 = 12
21) 10 × 4 = 40
22) 4 × 7 = 28
23) 1 × 4 = 4
24) 6 × 4 = 24
25) 4 × 4 = 16

Day 22

1) 4 × 10 = 40
2) 4 × 8 = 32
3) 0 × 4 = 0
4) 3 × 4 = 12
5) 4 × 0 = 0
6) 10 × 4 = 40
7) 4 × 2 = 8
8) 7 × 4 = 28
9) 4 × 9 = 36
10) 4 × 5 = 20
11) 6 × 4 = 24
12) 4 × 4 = 16
13) 4 × 11 = 44
14) 4 × 1 = 4
15) 8 × 4 = 32
16) 2 × 4 = 8
17) 4 × 6 = 24
18) 4 × 7 = 28
19) 9 × 4 = 36
20) 12 × 4 = 48
21) 5 × 4 = 20
22) 4 × 12 = 48
23) 11 × 4 = 44
24) 4 × 3 = 12
25) 1 × 4 = 4

Day 23

1) 4 × 6 = 24
2) 8 × 4 = 32
3) 4 × 5 = 20
4) 4 × 8 = 32
5) 10 × 4 = 40
6) 4 × 2 = 8
7) 4 × 1 = 4
8) 4 × 12 = 48
9) 4 × 7 = 28
10) 4 × 4 = 16
11) 5 × 4 = 20
12) 6 × 4 = 24
13) 11 × 4 = 44
14) 7 × 4 = 28
15) 4 × 3 = 12
16) 1 × 4 = 4
17) 9 × 4 = 36
18) 12 × 4 = 48
19) 0 × 4 = 0
20) 4 × 9 = 36
21) 4 × 11 = 44
22) 4 × 10 = 40
23) 3 × 4 = 12
24) 2 × 4 = 8
25) 4 × 0 = 0

Day 24

1) 4 × 9 = 36
2) 4 × 6 = 24
3) 3 × 4 = 12
4) 4 × 11 = 44
5) 4 × 1 = 4
6) 4 × 12 = 48
7) 11 × 4 = 44
8) 6 × 4 = 24
9) 4 × 10 = 40
10) 4 × 2 = 8
11) 1 × 4 = 4
12) 4 × 0 = 0
13) 7 × 4 = 28
14) 2 × 4 = 8
15) 4 × 3 = 12
16) 4 × 7 = 28
17) 4 × 8 = 32
18) 12 × 4 = 48
19) 4 × 5 = 20
20) 0 × 4 = 0
21) 8 × 4 = 32
22) 10 × 4 = 40
23) 9 × 4 = 36
24) 4 × 4 = 16
25) 5 × 4 = 20

Day 25

1) 1 × 5 = 5
2) 4 × 5 = 20
3) 12 × 5 = 60
4) 5 × 8 = 40
5) 8 × 5 = 40

6) 6 × 5 = 30
7) 5 × 1 = 5
8) 7 × 5 = 35
9) 0 × 5 = 0
10) 5 × 5 = 25

11) 5 × 12 = 60
12) 5 × 10 = 50
13) 5 × 6 = 30
14) 5 × 4 = 20
15) 5 × 2 = 10

16) 2 × 5 = 10
17) 11 × 5 = 55
18) 5 × 3 = 15
19) 5 × 9 = 45
20) 9 × 5 = 45

21) 5 × 0 = 0
22) 10 × 5 = 50
23) 3 × 5 = 15
24) 5 × 7 = 35
25) 5 × 11 = 55

Day 26

1) 5 × 1 = 5
2) 5 × 3 = 15
3) 5 × 5 = 25
4) 5 × 4 = 20
5) 5 × 11 = 55

6) 5 × 10 = 50
7) 7 × 5 = 35
8) 2 × 5 = 10
9) 5 × 6 = 30
10) 0 × 5 = 0

11) 4 × 5 = 20
12) 12 × 5 = 60
13) 5 × 7 = 35
14) 6 × 5 = 30
15) 9 × 5 = 45

16) 8 × 5 = 40
17) 5 × 9 = 45
18) 11 × 5 = 55
19) 10 × 5 = 50
20) 5 × 0 = 0

21) 5 × 8 = 40
22) 5 × 12 = 60
23) 1 × 5 = 5
24) 5 × 2 = 10
25) 3 × 5 = 15

Day 27

1) 5 × 8 = 40
2) 12 × 5 = 60
3) 5 × 4 = 20
4) 3 × 5 = 15
5) 7 × 5 = 35

6) 5 × 0 = 0
7) 4 × 5 = 20
8) 5 × 6 = 30
9) 10 × 5 = 50
10) 6 × 5 = 30

11) 9 × 5 = 45
12) 1 × 5 = 5
13) 5 × 1 = 5
14) 5 × 2 = 10
15) 0 × 5 = 0

16) 5 × 11 = 55
17) 11 × 5 = 55
18) 5 × 5 = 25
19) 5 × 3 = 15
20) 5 × 7 = 35

21) 5 × 12 = 60
22) 8 × 5 = 40
23) 2 × 5 = 10
24) 5 × 9 = 45
25) 5 × 10 = 50

Day 28

1) 5 × 3 = 15
2) 7 × 5 = 35
3) 5 × 8 = 40
4) 5 × 2 = 10
5) 8 × 5 = 40

6) 2 × 5 = 10
7) 5 × 5 = 25
8) 10 × 5 = 50
9) 5 × 7 = 35
10) 5 × 10 = 50

11) 11 × 5 = 55
12) 4 × 5 = 20
13) 1 × 5 = 5
14) 5 × 12 = 60
15) 5 × 0 = 0

16) 3 × 5 = 15
17) 5 × 11 = 55
18) 5 × 4 = 20
19) 6 × 5 = 30
20) 5 × 6 = 30

21) 5 × 1 = 5
22) 5 × 9 = 45
23) 9 × 5 = 45
24) 12 × 5 = 60
25) 0 × 5 = 0

Day 29

1) 5 × 2 = 10
2) 0 × 5 = 0
3) 5 × 1 = 5
4) 5 × 7 = 35
5) 5 × 8 = 40

6) 8 × 5 = 40
7) 5 × 9 = 45
8) 5 × 4 = 20
9) 9 × 5 = 45
10) 5 × 6 = 30

11) 10 × 5 = 50
12) 5 × 11 = 55
13) 3 × 5 = 15
14) 1 × 5 = 5
15) 5 × 0 = 0

16) 5 × 5 = 25
17) 5 × 3 = 15
18) 5 × 12 = 60
19) 6 × 5 = 30
20) 7 × 5 = 35

21) 11 × 5 = 55
22) 4 × 5 = 20
23) 5 × 10 = 50
24) 12 × 5 = 60
25) 2 × 5 = 10

Day 30

1) 8 × 5 = 40
2) 5 × 1 = 5
3) 5 × 10 = 50
4) 5 × 0 = 0
5) 5 × 2 = 10

6) 12 × 5 = 60
7) 5 × 4 = 20
8) 4 × 5 = 20
9) 5 × 12 = 60
10) 6 × 5 = 30

11) 5 × 6 = 30
12) 5 × 11 = 55
13) 2 × 5 = 10
14) 5 × 5 = 25
15) 5 × 8 = 40

16) 3 × 5 = 15
17) 10 × 5 = 50
18) 5 × 3 = 15
19) 9 × 5 = 45
20) 5 × 9 = 45

21) 1 × 5 = 5
22) 11 × 5 = 55
23) 0 × 5 = 0
24) 7 × 5 = 35
25) 5 × 7 = 35

Day 31

1) 5 × 6 = 30
2) 1 × 6 = 6
3) 6 × 8 = 48
4) 6 × 10 = 60
5) 12 × 6 = 72

6) 6 × 12 = 72
7) 6 × 6 = 36
8) 6 × 7 = 42
9) 6 × 3 = 18
10) 11 × 6 = 66

11) 6 × 2 = 12
12) 6 × 9 = 54
13) 9 × 6 = 54
14) 4 × 6 = 24
15) 7 × 6 = 42

16) 8 × 6 = 48
17) 0 × 6 = 0
18) 2 × 6 = 12
19) 6 × 11 = 66
20) 10 × 6 = 60

21) 3 × 6 = 18
22) 6 × 0 = 0
23) 6 × 1 = 6
24) 6 × 4 = 24
25) 6 × 5 = 30

Day 32

1) 4 × 6 = 24
2) 6 × 10 = 60
3) 6 × 9 = 54
4) 6 × 6 = 36
5) 6 × 0 = 0

6) 10 × 6 = 60
7) 11 × 6 = 66
8) 6 × 5 = 30
9) 6 × 1 = 6
10) 12 × 6 = 72

11) 0 × 6 = 0
12) 6 × 11 = 66
13) 6 × 8 = 48
14) 6 × 3 = 18
15) 6 × 4 = 24

16) 5 × 6 = 30
17) 7 × 6 = 42
18) 8 × 6 = 48
19) 6 × 7 = 42
20) 9 × 6 = 54

21) 6 × 12 = 72
22) 2 × 6 = 12
23) 3 × 6 = 18
24) 6 × 2 = 12
25) 1 × 6 = 6

Day 33

1) 3 × 6 = 18	2) 11 × 6 = 66	3) 6 × 11 = 66	4) 12 × 6 = 72	5) 9 × 6 = 54
6) 1 × 6 = 6	7) 6 × 3 = 18	8) 8 × 6 = 48	9) 6 × 2 = 12	10) 6 × 0 = 0
11) 6 × 6 = 36	12) 6 × 8 = 48	13) 6 × 4 = 24	14) 6 × 1 = 6	15) 6 × 5 = 30
16) 6 × 10 = 60	17) 10 × 6 = 60	18) 4 × 6 = 24	19) 0 × 6 = 0	20) 7 × 6 = 42
21) 2 × 6 = 12	22) 6 × 9 = 54	23) 6 × 12 = 72	24) 6 × 7 = 42	25) 5 × 6 = 30

Day 34

1) 6 × 10 = 60	2) 6 × 7 = 42	3) 8 × 6 = 48	4) 6 × 12 = 72	5) 5 × 6 = 30
6) 1 × 6 = 6	7) 6 × 3 = 18	8) 6 × 2 = 12	9) 6 × 6 = 36	10) 6 × 9 = 54
11) 2 × 6 = 12	12) 10 × 6 = 60	13) 11 × 6 = 66	14) 7 × 6 = 42	15) 6 × 11 = 66
16) 6 × 0 = 0	17) 6 × 5 = 30	18) 6 × 4 = 24	19) 6 × 8 = 48	20) 3 × 6 = 18
21) 9 × 6 = 54	22) 12 × 6 = 72	23) 4 × 6 = 24	24) 6 × 1 = 6	25) 0 × 6 = 0

Day 35

1) 3 × 6 = 18	2) 6 × 8 = 48	3) 6 × 2 = 12	4) 1 × 6 = 6	5) 6 × 3 = 18
6) 6 × 10 = 60	7) 2 × 6 = 12	8) 6 × 12 = 72	9) 10 × 6 = 60	10) 11 × 6 = 66
11) 6 × 1 = 6	12) 6 × 6 = 36	13) 4 × 6 = 24	14) 8 × 6 = 48	15) 5 × 6 = 30
16) 6 × 4 = 24	17) 7 × 6 = 42	18) 0 × 6 = 0	19) 6 × 0 = 0	20) 6 × 9 = 54
21) 9 × 6 = 54	22) 6 × 11 = 66	23) 12 × 6 = 72	24) 6 × 7 = 42	25) 6 × 5 = 30

Day 36

1) 6 × 3 = 18	2) 6 × 9 = 54	3) 4 × 6 = 24	4) 6 × 5 = 30	5) 9 × 6 = 54
6) 11 × 6 = 66	7) 7 × 6 = 42	8) 6 × 12 = 72	9) 8 × 6 = 48	10) 6 × 2 = 12
11) 6 × 6 = 36	12) 6 × 1 = 6	13) 5 × 6 = 30	14) 0 × 6 = 0	15) 3 × 6 = 18
16) 6 × 7 = 42	17) 2 × 6 = 12	18) 6 × 11 = 66	19) 12 × 6 = 72	20) 6 × 8 = 48
21) 6 × 0 = 0	22) 10 × 6 = 60	23) 6 × 10 = 60	24) 1 × 6 = 6	25) 6 × 4 = 24

Day 37

1) 7 × 1 = 7
2) 0 × 7 = 0
3) 4 × 7 = 28
4) 7 × 10 = 70
5) 7 × 8 = 56

6) 7 × 2 = 14
7) 9 × 7 = 63
8) 2 × 7 = 14
9) 7 × 5 = 35
10) 7 × 7 = 49

11) 3 × 7 = 21
12) 11 × 7 = 77
13) 10 × 7 = 70
14) 6 × 7 = 42
15) 7 × 9 = 63

16) 7 × 6 = 42
17) 7 × 4 = 28
18) 7 × 11 = 77
19) 12 × 7 = 84
20) 7 × 3 = 21

21) 8 × 7 = 56
22) 1 × 7 = 7
23) 7 × 0 = 0
24) 7 × 12 = 84
25) 5 × 7 = 35

Day 38

1) 7 × 0 = 0
2) 7 × 11 = 77
3) 11 × 7 = 77
4) 12 × 7 = 84
5) 7 × 8 = 56

6) 7 × 1 = 7
7) 7 × 9 = 63
8) 6 × 7 = 42
9) 7 × 7 = 49
10) 7 × 6 = 42

11) 7 × 12 = 84
12) 9 × 7 = 63
13) 7 × 10 = 70
14) 4 × 7 = 28
15) 3 × 7 = 21

16) 2 × 7 = 14
17) 5 × 7 = 35
18) 0 × 7 = 0
19) 7 × 3 = 21
20) 10 × 7 = 70

21) 1 × 7 = 7
22) 8 × 7 = 56
23) 7 × 2 = 14
24) 7 × 5 = 35
25) 7 × 4 = 28

Day 39

1) 7 × 4 = 28
2) 7 × 7 = 49
3) 4 × 7 = 28
4) 7 × 2 = 14
5) 6 × 7 = 42

6) 7 × 9 = 63
7) 9 × 7 = 63
8) 7 × 5 = 35
9) 7 × 11 = 77
10) 2 × 7 = 14

11) 3 × 7 = 21
12) 7 × 0 = 0
13) 12 × 7 = 84
14) 8 × 7 = 56
15) 7 × 1 = 7

16) 5 × 7 = 35
17) 1 × 7 = 7
18) 0 × 7 = 0
19) 11 × 7 = 77
20) 7 × 10 = 70

21) 7 × 3 = 21
22) 10 × 7 = 70
23) 7 × 12 = 84
24) 7 × 6 = 42
25) 7 × 8 = 56

Day 40

1) 5 × 7 = 35
2) 7 × 11 = 77
3) 1 × 7 = 7
4) 7 × 8 = 56
5) 7 × 0 = 0

6) 7 × 2 = 14
7) 7 × 6 = 42
8) 12 × 7 = 84
9) 7 × 9 = 63
10) 6 × 7 = 42

11) 9 × 7 = 63
12) 7 × 7 = 49
13) 8 × 7 = 56
14) 10 × 7 = 70
15) 7 × 12 = 84

16) 4 × 7 = 28
17) 7 × 10 = 70
18) 2 × 7 = 14
19) 0 × 7 = 0
20) 7 × 5 = 35

21) 7 × 1 = 7
22) 3 × 7 = 21
23) 7 × 4 = 28
24) 11 × 7 = 77
25) 7 × 3 = 21

Day 41

1) 5 × 7 = 35
2) 7 × 9 = 63
3) 7 × 6 = 42
4) 8 × 7 = 56
5) 7 × 0 = 0

6) 7 × 3 = 21
7) 7 × 1 = 7
8) 2 × 7 = 14
9) 7 × 7 = 49
10) 4 × 7 = 28

11) 6 × 7 = 42
12) 7 × 4 = 28
13) 1 × 7 = 7
14) 7 × 11 = 77
15) 0 × 7 = 0

16) 11 × 7 = 77
17) 10 × 7 = 70
18) 7 × 8 = 56
19) 7 × 12 = 84
20) 7 × 10 = 70

21) 7 × 5 = 35
22) 12 × 7 = 84
23) 9 × 7 = 63
24) 3 × 7 = 21
25) 7 × 2 = 14

Day 42

1) 7 × 10 = 70
2) 1 × 7 = 7
3) 7 × 4 = 28
4) 7 × 5 = 35
5) 0 × 7 = 0

6) 5 × 7 = 35
7) 8 × 7 = 56
8) 12 × 7 = 84
9) 3 × 7 = 21
10) 10 × 7 = 70

11) 7 × 8 = 56
12) 7 × 11 = 77
13) 7 × 7 = 49
14) 7 × 0 = 0
15) 7 × 1 = 7

16) 7 × 2 = 14
17) 7 × 3 = 21
18) 11 × 7 = 77
19) 7 × 9 = 63
20) 6 × 7 = 42

21) 4 × 7 = 28
22) 7 × 12 = 84
23) 9 × 7 = 63
24) 7 × 6 = 42
25) 2 × 7 = 14

Day 43

1) 8 × 7 = 56
2) 8 × 0 = 0
3) 5 × 8 = 40
4) 8 × 10 = 80
5) 8 × 3 = 24

6) 8 × 11 = 88
7) 6 × 8 = 48
8) 8 × 2 = 16
9) 2 × 8 = 16
10) 4 × 8 = 32

11) 10 × 8 = 80
12) 8 × 11 = 88
13) 9 × 8 = 72
14) 12 × 8 = 96
15) 7 × 8 = 56

16) 3 × 8 = 24
17) 8 × 5 = 40
18) 1 × 8 = 8
19) 8 × 6 = 48
20) 8 × 1 = 8

21) 9 × 8 = 72
22) 0 × 8 = 0
23) 8 × 8 = 64
24) 8 × 12 = 96
25) 8 × 4 = 32

Day 44

1) 12 × 8 = 96
2) 11 × 8 = 88
3) 10 × 8 = 80
4) 8 × 0 = 0
5) 1 × 8 = 8

6) 8 × 9 = 72
7) 7 × 8 = 56
8) 8 × 6 = 48
9) 8 × 11 = 88
10) 8 × 3 = 24

11) 3 × 8 = 24
12) 8 × 4 = 32
13) 4 × 8 = 32
14) 6 × 8 = 48
15) 2 × 8 = 16

16) 8 × 2 = 16
17) 8 × 5 = 40
18) 8 × 12 = 96
19) 5 × 8 = 40
20) 8 × 10 = 80

21) 8 × 1 = 8
22) 0 × 8 = 0
23) 8 × 8 = 64
24) 8 × 7 = 56
25) 9 × 8 = 72

Day 45

1) 8 × 6 = 48
2) 4 × 8 = 32
3) 8 × 4 = 32
4) 2 × 8 = 16
5) 5 × 8 = 40

6) 8 × 9 = 72
7) 8 × 10 = 80
8) 7 × 8 = 56
9) 0 × 8 = 0
10) 11 × 8 = 88

11) 8 × 1 = 8
12) 8 × 5 = 40
13) 8 × 3 = 24
14) 6 × 8 = 48
15) 8 × 0 = 0

16) 8 × 8 = 64
17) 9 × 8 = 72
18) 12 × 8 = 96
19) 10 × 8 = 80
20) 8 × 7 = 56

21) 1 × 8 = 8
22) 3 × 8 = 24
23) 8 × 11 = 88
24) 8 × 12 = 96
25) 8 × 2 = 16

Day 46

1) 8 × 9 = 72
2) 7 × 8 = 56
3) 8 × 4 = 32
4) 0 × 8 = 0
5) 3 × 8 = 24

6) 9 × 8 = 72
7) 8 × 8 = 64
8) 11 × 8 = 88
9) 8 × 1 = 8
10) 6 × 8 = 48

11) 8 × 12 = 96
12) 8 × 7 = 56
13) 5 × 8 = 40
14) 12 × 8 = 96
15) 8 × 5 = 40

16) 8 × 11 = 88
17) 8 × 0 = 0
18) 8 × 2 = 16
19) 10 × 8 = 80
20) 8 × 10 = 80

21) 8 × 6 = 48
22) 2 × 8 = 16
23) 1 × 8 = 8
24) 8 × 3 = 24
25) 4 × 8 = 32

Day 47

1) 2 × 8 = 16
2) 8 × 10 = 80
3) 8 × 5 = 40
4) 12 × 8 = 96
5) 8 × 1 = 8

6) 9 × 8 = 72
7) 8 × 7 = 56
8) 3 × 8 = 24
9) 8 × 9 = 72
10) 11 × 8 = 88

11) 1 × 8 = 8
12) 7 × 8 = 56
13) 8 × 0 = 0
14) 8 × 6 = 48
15) 8 × 11 = 88

16) 8 × 8 = 64
17) 6 × 8 = 48
18) 8 × 12 = 96
19) 8 × 4 = 32
20) 8 × 3 = 24

21) 5 × 8 = 40
22) 10 × 8 = 80
23) 4 × 8 = 32
24) 8 × 2 = 16
25) 0 × 8 = 0

Day 48

1) 10 × 8 = 80
2) 8 × 3 = 24
3) 8 × 0 = 0
4) 5 × 8 = 40
5) 6 × 8 = 48

6) 8 × 7 = 56
7) 8 × 2 = 16
8) 8 × 1 = 8
9) 8 × 8 = 64
10) 3 × 8 = 24

11) 8 × 9 = 72
12) 9 × 8 = 72
13) 2 × 8 = 16
14) 8 × 10 = 80
15) 8 × 12 = 96

16) 11 × 8 = 88
17) 8 × 4 = 32
18) 7 × 8 = 56
19) 4 × 8 = 32
20) 8 × 5 = 40

21) 8 × 11 = 88
22) 8 × 6 = 48
23) 1 × 8 = 8
24) 12 × 8 = 96
25) 0 × 8 = 0

Day 49

1) 7 × 9 = 63
2) 9 × 12 = 108
3) 9 × 9 = 81
4) 9 × 5 = 45
5) 4 × 9 = 36

6) 10 × 9 = 90
7) 9 × 6 = 54
8) 0 × 9 = 0
9) 9 × 0 = 0
10) 9 × 3 = 27

11) 9 × 4 = 36
12) 12 × 9 = 108
13) 8 × 9 = 72
14) 6 × 9 = 54
15) 5 × 9 = 45

16) 9 × 8 = 72
17) 9 × 11 = 99
18) 3 × 9 = 27
19) 9 × 1 = 9
20) 9 × 7 = 63

21) 1 × 9 = 9
22) 9 × 2 = 18
23) 9 × 10 = 90
24) 11 × 9 = 99
25) 2 × 9 = 18

Day 50

1) 9 × 12 = 108
2) 9 × 3 = 27
3) 9 × 1 = 9
4) 4 × 9 = 36
5) 3 × 9 = 27

6) 8 × 9 = 72
7) 9 × 2 = 18
8) 9 × 0 = 0
9) 9 × 11 = 99
10) 0 × 9 = 0

11) 12 × 9 = 108
12) 6 × 9 = 54
13) 5 × 9 = 45
14) 9 × 10 = 90
15) 7 × 9 = 63

16) 9 × 9 = 81
17) 2 × 9 = 18
18) 9 × 5 = 45
19) 9 × 8 = 72
20) 9 × 6 = 54

21) 9 × 7 = 63
22) 1 × 9 = 9
23) 9 × 4 = 36
24) 11 × 9 = 99
25) 10 × 9 = 90

Day 51

1) 3 × 9 = 27
2) 9 × 8 = 72
3) 9 × 4 = 36
4) 8 × 9 = 72
5) 9 × 0 = 0

6) 2 × 9 = 18
7) 9 × 5 = 45
8) 7 × 9 = 63
9) 9 × 10 = 90
10) 9 × 6 = 54

11) 9 × 3 = 27
12) 11 × 9 = 99
13) 4 × 9 = 36
14) 9 × 9 = 81
15) 1 × 9 = 9

16) 9 × 11 = 99
17) 12 × 9 = 108
18) 6 × 9 = 54
19) 0 × 9 = 0
20) 9 × 2 = 18

21) 5 × 9 = 45
22) 9 × 12 = 108
23) 9 × 1 = 9
24) 10 × 9 = 90
25) 9 × 7 = 63

Day 52

1) 9 × 0 = 0
2) 7 × 9 = 63
3) 9 × 9 = 81
4) 9 × 2 = 18
5) 8 × 9 = 72

6) 1 × 9 = 9
7) 9 × 8 = 72
8) 12 × 9 = 108
9) 9 × 12 = 108
10) 5 × 9 = 45

11) 6 × 9 = 54
12) 2 × 9 = 18
13) 9 × 3 = 27
14) 0 × 9 = 0
15) 3 × 9 = 27

16) 9 × 6 = 54
17) 10 × 9 = 90
18) 9 × 11 = 99
19) 9 × 5 = 45
20) 9 × 7 = 63

21) 9 × 1 = 9
22) 9 × 4 = 36
23) 4 × 9 = 36
24) 9 × 10 = 90
25) 11 × 9 = 99

Day 53

1) 9 × 9 = 81
2) 9 × 5 = 45
3) 9 × 1 = 9
4) 0 × 9 = 0
5) 7 × 9 = 63

6) 9 × 12 = 108
7) 11 × 9 = 99
8) 3 × 9 = 27
9) 9 × 0 = 0
10) 2 × 9 = 18

11) 9 × 7 = 63
12) 12 × 9 = 108
13) 9 × 10 = 90
14) 9 × 6 = 54
15) 9 × 8 = 72

16) 9 × 2 = 18
17) 4 × 9 = 36
18) 8 × 9 = 72
19) 9 × 3 = 27
20) 9 × 4 = 36

21) 6 × 9 = 54
22) 10 × 9 = 90
23) 1 × 9 = 9
24) 9 × 11 = 99
25) 5 × 9 = 45

Day 54

9 × 4 = 36
4 × 9 = 36
9 × 8 = 72
9 × 12 = 108
9 × 3 = 27

11 × 9 = 99
9 × 2 = 18
9 × 0 = 0
5 × 9 = 45
9 × 7 = 63

9 × 1 = 9
9 × 10 = 90
0 × 9 = 0
9 × 9 = 81
6 × 9 = 54

12 × 9 = 108
9 × 6 = 54
2 × 9 = 18
8 × 9 = 72
9 × 5 = 45

3 × 9 = 27
1 × 9 = 9
10 × 9 = 90
9 × 11 = 99
7 × 9 = 63

Day 55

1) 10 × 4 = 40
2) 10 × 12 = 120
3) 10 × 3 = 30
4) 10 × 5 = 50
5) 10 × 2 = 20

6) 12 × 10 = 120
7) 5 × 10 = 50
8) 6 × 10 = 60
9) 10 × 8 = 80
10) 11 × 10 = 110

11) 10 × 11 = 110
12) 1 × 10 = 10
13) 9 × 10 = 90
14) 10 × 1 = 10
15) 10 × 6 = 60

16) 10 × 10 = 100
17) 10 × 0 = 0
18) 10 × 9 = 90
19) 0 × 10 = 0
20) 8 × 10 = 80

21) 7 × 10 = 70
22) 3 × 10 = 30
23) 2 × 10 = 20
24) 4 × 10 = 40
25) 10 × 7 = 70

Day 56

1) 9 × 10 = 90
2) 10 × 10 = 100
3) 7 × 10 = 70
4) 10 × 8 = 80
5) 10 × 5 = 50

6) 10 × 11 = 110
7) 10 × 4 = 40
8) 12 × 10 = 120
9) 10 × 7 = 70
10) 10 × 9 = 90

11) 0 × 10 = 0
12) 10 × 1 = 10
13) 10 × 12 = 120
14) 11 × 10 = 110
15) 5 × 10 = 50

16) 1 × 10 = 10
17) 2 × 10 = 20
18) 8 × 10 = 80
19) 10 × 6 = 60
20) 3 × 10 = 30

21) 4 × 10 = 40
22) 10 × 3 = 30
23) 6 × 10 = 60
24) 10 × 2 = 20
25) 10 × 0 = 0

Day 57

1) 12 × 10 = 120
2) 10 × 8 = 80
3) 7 × 10 = 70
4) 10 × 7 = 70
5) 10 × 0 = 0

6) 2 × 10 = 20
7) 10 × 2 = 20
8) 0 × 10 = 0
9) 10 × 11 = 110
10) 11 × 10 = 110

11) 3 × 10 = 30
12) 1 × 10 = 10
13) 10 × 5 = 50
14) 6 × 10 = 60
15) 10 × 3 = 30

16) 9 × 10 = 90
17) 10 × 6 = 60
18) 10 × 12 = 120
19) 5 × 10 = 50
20) 10 × 4 = 40

21) 8 × 10 = 80
22) 4 × 10 = 40
23) 10 × 10 = 100
24) 10 × 9 = 90
25) 10 × 1 = 10

Day 58

1) 10 × 2 = 20
2) 10 × 8 = 80
3) 10 × 9 = 90
4) 10 × 11 = 110
5) 11 × 10 = 110

6) 12 × 10 = 120
7) 10 × 0 = 0
8) 10 × 4 = 40
9) 2 × 10 = 20
10) 3 × 10 = 30

11) 10 × 10 = 100
12) 10 × 5 = 50
13) 10 × 12 = 120
14) 10 × 7 = 70
15) 10 × 1 = 10

16) 4 × 10 = 40
17) 9 × 10 = 90
18) 0 × 10 = 0
19) 1 × 10 = 10
20) 10 × 6 = 60

21) 6 × 10 = 60
22) 5 × 10 = 50
23) 10 × 3 = 30
24) 8 × 10 = 80
25) 7 × 10 = 70

Day 59

1) 6 × 10 = 60
2) 4 × 10 = 40
3) 10 × 1 = 10
4) 5 × 10 = 50
5) 10 × 2 = 20

6) 10 × 5 = 50
7) 10 × 9 = 90
8) 0 × 10 = 0
9) 10 × 3 = 30
10) 11 × 10 = 110

11) 10 × 8 = 80
12) 10 × 4 = 40
13) 10 × 11 = 110
14) 10 × 12 = 120
15) 7 × 10 = 70

16) 10 × 6 = 60
17) 10 × 7 = 70
18) 12 × 10 = 120
19) 2 × 10 = 20
20) 9 × 10 = 90

21) 8 × 10 = 80
22) 10 × 10 = 100
23) 10 × 0 = 0
24) 3 × 10 = 30
25) 1 × 10 = 10

Day 60

1) 0 × 10 = 0
2) 10 × 9 = 90
3) 10 × 8 = 80
4) 10 × 12 = 120
5) 11 × 10 = 110

6) 6 × 10 = 60
7) 10 × 6 = 60
8) 5 × 10 = 50
9) 2 × 10 = 20
10) 1 × 10 = 10

11) 10 × 3 = 30
12) 10 × 4 = 40
13) 10 × 1 = 10
14) 10 × 10 = 100
15) 9 × 10 = 90

16) 10 × 0 = 0
17) 10 × 11 = 110
18) 10 × 5 = 50
19) 3 × 10 = 30
20) 4 × 10 = 40

21) 8 × 10 = 80
22) 10 × 7 = 70
23) 12 × 10 = 120
24) 10 × 2 = 20
25) 7 × 10 = 70

Day 61

1) 1 ×11 = 11
2) 6 ×11 = 66
3) 4 ×11 = 44
4) 11 ×7 = 77
5) 5 ×11 = 55

6) 11 ×3 = 33
7) 11 ×2 = 22
8) 3 ×11 = 33
9) 12 ×11 = 132
10) 11 ×5 = 55

11) 11 ×8 = 88
12) 9 ×11 = 99
13) 2 ×11 = 22
14) 11 ×6 = 66
15) 10 ×11 = 110

16) 11 ×11 = 121
17) 11 ×12 = 132
18) 11 ×1 = 11
19) 0 ×11 = 0
20) 11 ×4 = 44

21) 11 ×10 = 110
22) 7 ×11 = 77
23) 11 ×9 = 99
24) 11 ×0 = 0
25) 8 ×11 = 88

Day 62

1) 11 ×9 = 99
2) 11 ×12 = 132
3) 8 ×11 = 88
4) 11 ×11 = 121
5) 11 ×4 = 44

6) 11 ×0 = 0
7) 11 ×1 = 11
8) 11 ×7 = 77
9) 10 ×11 = 110
10) 6 ×11 = 66

11) 11 ×6 = 66
12) 12 ×11 = 132
13) 1 ×11 = 11
14) 11 ×8 = 88
15) 3 ×11 = 33

16) 7 ×11 = 77
17) 11 ×10 = 110
18) 9 ×11 = 99
19) 2 ×11 = 22
20) 11 ×3 = 33

21) 11 ×2 = 22
22) 5 ×11 = 55
23) 4 ×11 = 44
24) 11 ×5 = 55
25) 0 ×11 = 0

Day 63

1) 11 ×3 = 33
2) 9 ×11 = 99
3) 11 ×11 = 121
4) 12 ×11 = 132
5) 11 ×10 = 110

6) 11 ×0 = 0
7) 11 ×4 = 44
8) 11 ×9 = 99
9) 6 ×11 = 66
10) 11 ×1 = 11

11) 3 ×11 = 33
12) 1 ×11 = 11
13) 11 ×8 = 88
14) 4 ×11 = 44
15) 8 ×11 = 88

16) 7 ×11 = 77
17) 0 ×11 = 0
18) 5 ×11 = 55
19) 11 ×12 = 132
20) 11 ×5 = 55

21) 11 ×7 = 77
22) 10 ×11 = 110
23) 11 ×2 = 22
24) 11 ×6 = 66
25) 2 ×11 = 22

Day 64

1) 2 ×11 = 22
2) 10 ×11 = 110
3) 11 ×9 = 99
4) 12 ×11 = 132
5) 11 ×5 = 55

6) 11 ×11 = 121
7) 8 ×11 = 88
8) 0 ×11 = 0
9) 5 ×11 = 55
10) 11 ×0 = 0

11) 11 ×10 = 110
12) 11 ×7 = 77
13) 11 ×12 = 132
14) 1 ×11 = 11
15) 4 ×11 = 44

16) 7 ×11 = 77
17) 3 ×11 = 33
18) 11 ×2 = 22
19) 11 ×8 = 88
20) 6 ×11 = 66

21) 11 ×6 = 66
22) 11 ×4 = 44
23) 11 ×3 = 33
24) 9 ×11 = 99
25) 11 ×1 = 11

Day 65

1) 11 ×8 = 88
2) 2 ×11 = 22
3) 11 ×3 = 33
4) 12 ×11 = 132
5) 11 ×1 = 11

6) 11 ×2 = 22
7) 11 ×10 = 110
8) 11 ×0 = 0
9) 11 ×9 = 99
10) 11 ×11 = 121

11) 11 ×6 = 66
12) 11 ×7 = 77
13) 9 ×11 = 99
14) 0 ×11 = 0
15) 11 ×4 = 44

16) 11 ×12 = 132
17) 10 ×11 = 110
18) 8 ×11 = 88
19) 5 ×11 = 55
20) 6 ×11 = 66

21) 7 ×11 = 77
22) 4 ×11 = 44
23) 3 ×11 = 33
24) 11 ×5 = 55
25) 1 ×11 = 11

Day 66

1) 11 ×1 = 11
2) 4 ×11 = 44
3) 11 ×11 = 121
4) 11 ×8 = 88
5) 1 ×11 = 11

6) 10 ×11 = 110
7) 11 ×9 = 99
8) 11 ×6 = 66
9) 11 ×2 = 22
10) 8 ×11 = 88

11) 6 ×11 = 66
12) 11 ×10 = 110
13) 2 ×11 = 22
14) 0 ×11 = 0
15) 3 ×11 = 33

16) 11 ×5 = 55
17) 9 ×11 = 99
18) 11 ×0 = 0
19) 5 ×11 = 55
20) 11 ×4 = 44

21) 7 ×11 = 77
22) 12 ×11 = 132
23) 11 ×7 = 77
24) 11 ×3 = 33
25) 11 ×12 = 132

Day 67

1) 8 ×12 = 96
2) 11 ×12 = 132
3) 12 ×2 = 24
4) 3 ×12 = 36
5) 0 ×12 = 0

6) 9 ×12 = 108
7) 12 ×7 = 84
8) 2 ×12 = 24
9) 12 ×6 = 72
10) 5 ×12 = 60

11) 7 ×12 = 84
12) 12 ×5 = 60
13) 10 ×12 = 120
14) 6 ×12 = 72
15) 1 ×12 = 12

16) 4 ×12 = 48
17) 12 ×4 = 48
18) 12 ×8 = 96
19) 12 ×12 = 144
20) 12 ×9 = 108

21) 12 ×10 = 120
22) 12 ×11 = 132
23) 12 ×0 = 0
24) 12 ×1 = 12
25) 12 ×3 = 36

Day 68

1) 12 ×0 = 0
2) 5 ×12 = 60
3) 9 ×12 = 108
4) 2 ×12 = 24
5) 10 ×12 = 120

6) 12 ×9 = 108
7) 11 ×12 = 132
8) 12 ×1 = 12
9) 12 ×5 = 60
10) 1 ×12 = 12

11) 12 ×4 = 48
12) 4 ×12 = 48
13) 12 ×10 = 120
14) 12 ×2 = 24
15) 7 ×12 = 84

16) 0 ×12 = 0
17) 12 ×6 = 72
18) 12 ×3 = 36
19) 12 ×12 = 144
20) 8 ×12 = 96

21) 6 ×12 = 72
22) 3 ×12 = 36
23) 12 ×7 = 84
24) 12 ×8 = 96
25) 12 ×11 = 132

Day 69

1) 12 ×4 = 48
2) 11 ×12 = 132
3) 7 ×12 = 84
4) 6 ×12 = 72
5) 12 ×9 = 108

6) 3 ×12 = 36
7) 10 ×12 = 120
8) 8 ×12 = 96
9) 9 ×12 = 108
10) 12 ×10 = 120

11) 1 ×12 = 12
12) 12 ×12 = 144
13) 12 ×0 = 0
14) 5 ×12 = 60
15) 0 ×12 = 0

16) 12 ×11 = 132
17) 12 ×5 = 60
18) 12 ×3 = 36
19) 12 ×7 = 84
20) 2 ×12 = 24

21) 4 ×12 = 48
22) 12 ×1 = 12
23) 12 ×2 = 24
24) 12 ×6 = 72
25) 12 ×8 = 96

Day 70

1) 12 ×9 = 108
2) 12 ×7 = 84
3) 6 ×12 = 72
4) 12 ×10 = 120
5) 3 ×12 = 36

6) 9 ×12 = 108
7) 12 ×11 = 132
8) 12 ×2 = 24
9) 12 ×6 = 72
10) 5 ×12 = 60

11) 0 ×12 = 0
12) 4 ×12 = 48
13) 11 ×12 = 132
14) 1 ×12 = 12
15) 2 ×12 = 24

16) 7 ×12 = 84
17) 12 ×4 = 48
18) 12 ×1 = 12
19) 8 ×12 = 96
20) 12 ×0 = 0

21) 12 ×5 = 60
22) 12 ×12 = 144
23) 12 ×3 = 36
24) 12 ×8 = 96
25) 10 ×12 = 120

Day 71

1) 12 ×8 = 96
2) 12 ×0 = 0
3) 12 ×10 = 120
4) 12 ×5 = 60
5) 7 ×12 = 84

6) 12 ×3 = 36
7) 4 ×12 = 48
8) 6 ×12 = 72
9) 2 ×12 = 24
10) 12 ×1 = 12

11) 12 ×11 = 132
12) 3 ×12 = 36
13) 12 ×7 = 84
14) 9 ×12 = 108
15) 11 ×12 = 132

16) 5 ×12 = 60
17) 12 ×6 = 72
18) 12 ×12 = 144
19) 1 ×12 = 12
20) 0 ×12 = 0

21) 12 ×2 = 24
22) 12 ×4 = 48
23) 8 ×12 = 96
24) 12 ×9 = 108
25) 10 ×12 = 120

Day 72

1) 10 ×12 = 120
2) 12 ×10 = 120
3) 12 ×0 = 0
4) 12 ×9 = 108
5) 1 ×12 = 12

6) 12 ×1 = 12
7) 12 ×8 = 96
8) 12 ×5 = 60
9) 8 ×12 = 96
10) 2 ×12 = 24

11) 12 ×6 = 72
12) 5 ×12 = 60
13) 7 ×12 = 84
14) 0 ×12 = 0
15) 12 ×3 = 36

16) 12 ×12 = 144
17) 3 ×12 = 36
18) 6 ×12 = 72
19) 12 ×2 = 24
20) 11 ×12 = 132

21) 4 ×12 = 48
22) 12 ×7 = 84
23) 9 ×12 = 108
24) 12 ×11 = 132
25) 12 ×4 = 48

Day 73

1) 12 × 8 = 96
2) 10 × 7 = 70
3) 6 × 8 = 48
4) 5 × 9 = 45
5) 4 × 12 = 48
6) 5 × 9 = 45
7) 9 × 11 = 99
8) 2 × 1 = 2
9) 3 × 8 = 24
10) 9 × 3 = 27
11) 8 × 10 = 80
12) 3 × 6 = 18
13) 5 × 11 = 55
14) 4 × 10 = 40
15) 12 × 9 = 108
16) 5 × 12 = 60
17) 6 × 3 = 18
18) 3 × 1 = 3
19) 6 × 3 = 18
20) 5 × 8 = 40
21) 4 × 9 = 36
22) 4 × 6 = 24
23) 3 × 1 = 3
24) 5 × 6 = 30
25) 9 × 2 = 18
26) 4 × 4 = 16
27) 3 × 6 = 18
28) 5 × 7 = 35
29) 5 × 6 = 30
30) 6 × 2 = 12
31) 6 × 10 = 60
32) 3 × 5 = 15
33) 1 × 6 = 6
34) 12 × 1 = 12
35) 1 × 8 = 8
36) 3 × 12 = 36
37) 6 × 12 = 72
38) 8 × 8 = 64
39) 1 × 5 = 5
40) 12 × 12 = 144
41) 8 × 2 = 16
42) 10 × 1 = 10
43) 11 × 7 = 77
44) 11 × 6 = 66
45) 4 × 1 = 4
46) 11 × 6 = 66
47) 10 × 1 = 10
48) 4 × 5 = 20
49) 12 × 12 = 144
50) 1 × 6 = 6
51) 12 × 8 = 96
52) 6 × 6 = 36
53) 3 × 7 = 21
54) 10 × 1 = 10
55) 8 × 4 = 32
56) 10 × 5 = 50
57) 11 × 7 = 77
58) 3 × 3 = 9
59) 10 × 10 = 100
60) 11 × 8 = 88

Day 74

1) 7 × 8 = 56
2) 11 × 3 = 33
3) 5 × 4 = 20
4) 2 × 5 = 10
5) 2 × 10 = 20
6) 10 × 8 = 80
7) 1 × 8 = 8
8) 3 × 8 = 24
9) 10 × 10 = 100
10) 10 × 12 = 120
11) 1 × 7 = 7
12) 10 × 5 = 50
13) 10 × 7 = 70
14) 12 × 4 = 48
15) 1 × 1 = 1
16) 5 × 7 = 35
17) 3 × 3 = 9
18) 3 × 12 = 36
19) 6 × 6 = 36
20) 9 × 10 = 90
21) 7 × 4 = 28
22) 12 × 11 = 132
23) 8 × 2 = 16
24) 6 × 11 = 66
25) 12 × 11 = 132
26) 4 × 7 = 28
27) 1 × 12 = 12
28) 2 × 11 = 22
29) 5 × 8 = 40
30) 2 × 4 = 8
31) 6 × 12 = 72
32) 12 × 7 = 84
33) 7 × 4 = 28
34) 8 × 12 = 96
35) 1 × 4 = 4
36) 3 × 8 = 24
37) 4 × 7 = 28
38) 11 × 1 = 11
39) 8 × 11 = 88
40) 2 × 2 = 4
41) 11 × 7 = 77
42) 1 × 1 = 1
43) 2 × 3 = 6
44) 1 × 3 = 3
45) 2 × 4 = 8
46) 4 × 8 = 32
47) 6 × 3 = 18
48) 8 × 9 = 72
49) 5 × 1 = 5
50) 11 × 6 = 66
51) 5 × 9 = 45
52) 4 × 7 = 28
53) 6 × 2 = 12
54) 10 × 1 = 10
55) 2 × 9 = 18
56) 10 × 10 = 100
57) 6 × 5 = 30
58) 3 × 8 = 24
59) 10 × 7 = 70
60) 10 × 11 = 110

Day 75

1) 6 × 2 = 12
2) 4 × 8 = 32
3) 2 × 8 = 16
4) 10 × 7 = 70
5) 4 × 10 = 40
6) 5 × 8 = 40
7) 2 × 8 = 16
8) 4 × 3 = 12
9) 8 × 8 = 64
10) 10 × 5 = 50
11) 6 × 6 = 36
12) 2 × 7 = 14
13) 12 × 9 = 108
14) 11 × 9 = 99
15) 2 × 6 = 12
16) 6 × 1 = 6
17) 6 × 7 = 42
18) 1 × 10 = 10
19) 3 × 4 = 12
20) 8 × 4 = 32
21) 6 × 8 = 48
22) 9 × 2 = 18
23) 4 × 4 = 16
24) 6 × 7 = 42
25) 5 × 7 = 35
26) 2 × 12 = 24
27) 12 × 7 = 84
28) 6 × 6 = 36
29) 4 × 1 = 4
30) 11 × 8 = 88
31) 11 × 2 = 22
32) 4 × 8 = 32
33) 10 × 7 = 70
34) 7 × 12 = 84
35) 8 × 1 = 8
36) 7 × 8 = 56
37) 6 × 9 = 54
38) 3 × 11 = 33
39) 9 × 11 = 99
40) 1 × 2 = 2
41) 7 × 3 = 21
42) 3 × 1 = 3
43) 5 × 7 = 35
44) 2 × 7 = 14
45) 8 × 10 = 80
46) 5 × 12 = 60
47) 4 × 1 = 4
48) 9 × 11 = 99
49) 1 × 9 = 9
50) 5 × 6 = 30
51) 1 × 6 = 6
52) 7 × 7 = 49
53) 10 × 8 = 80
54) 3 × 3 = 9
55) 9 × 3 = 27
56) 4 × 5 = 20
57) 11 × 11 = 121
58) 2 × 4 = 8
59) 5 × 11 = 55
60) 9 × 8 = 72

Day 76

1) 12 × 12 = 144
2) 5 × 12 = 60
3) 2 × 2 = 4
4) 9 × 2 = 18
5) 2 × 6 = 12
6) 3 × 10 = 30
7) 10 × 3 = 30
8) 5 × 10 = 50
9) 9 × 2 = 18
10) 5 × 4 = 20
11) 2 × 7 = 14
12) 8 × 3 = 24
13) 12 × 7 = 84
14) 8 × 3 = 24
15) 7 × 12 = 84
16) 3 × 12 = 36
17) 7 × 10 = 70
18) 10 × 5 = 50
19) 2 × 1 = 2
20) 4 × 10 = 40
21) 4 × 7 = 28
22) 5 × 9 = 45
23) 9 × 4 = 36
24) 9 × 12 = 108
25) 4 × 7 = 28
26) 3 × 12 = 36
27) 10 × 9 = 90
28) 4 × 1 = 4
29) 5 × 1 = 5
30) 10 × 5 = 50
31) 6 × 11 = 66
32) 4 × 10 = 40
33) 4 × 1 = 4
34) 2 × 5 = 10
35) 8 × 3 = 24
36) 7 × 8 = 56
37) 10 × 8 = 80
38) 11 × 7 = 77
39) 11 × 11 = 121
40) 3 × 4 = 12
41) 4 × 5 = 20
42) 1 × 2 = 2
43) 12 × 3 = 36
44) 3 × 4 = 12
45) 11 × 7 = 77
46) 10 × 10 = 100
47) 4 × 2 = 8
48) 9 × 4 = 36
49) 6 × 11 = 66
50) 8 × 7 = 56
51) 3 × 12 = 36
52) 4 × 8 = 32
53) 7 × 5 = 35
54) 2 × 11 = 22
55) 5 × 5 = 25
56) 11 × 5 = 55
57) 12 × 8 = 96
58) 1 × 2 = 2
59) 6 × 5 = 30
60) 11 × 2 = 22

Day 77

#	Problem	#	Problem	#	Problem	#	Problem	#	Problem	#	Problem
1)	1 × 7 = 7	2)	9 × 10 = 90	3)	1 × 8 = 8	4)	4 × 7 = 28	5)	4 × 3 = 12	6)	2 × 5 = 10
7)	4 × 8 = 32	8)	12 × 1 = 12	9)	1 × 2 = 2	10)	6 × 4 = 24	11)	9 × 3 = 27	12)	1 × 5 = 5
13)	10 × 1 = 10	14)	10 × 7 = 70	15)	1 × 12 = 12	16)	12 × 12 = 144	17)	7 × 2 = 14	18)	10 × 7 = 70
19)	7 × 10 = 70	20)	8 × 6 = 48	21)	9 × 3 = 27	22)	11 × 5 = 55	23)	5 × 9 = 45	24)	7 × 12 = 84
25)	10 × 12 = 120	26)	6 × 7 = 42	27)	9 × 4 = 36	28)	6 × 6 = 36	29)	9 × 5 = 45	30)	4 × 10 = 40
31)	5 × 10 = 50	32)	4 × 2 = 8	33)	10 × 12 = 120	34)	11 × 5 = 55	35)	3 × 4 = 12	36)	5 × 10 = 50
37)	8 × 7 = 56	38)	1 × 5 = 5	39)	11 × 9 = 99	40)	9 × 9 = 81	41)	3 × 3 = 9	42)	11 × 5 = 55
43)	9 × 6 = 54	44)	2 × 2 = 4	45)	10 × 11 = 110	46)	1 × 6 = 6	47)	12 × 8 = 96	48)	12 × 8 = 96
49)	2 × 6 = 12	50)	1 × 1 = 1	51)	11 × 7 = 77	52)	9 × 3 = 27	53)	10 × 7 = 70	54)	12 × 11 = 132
55)	7 × 2 = 14	56)	10 × 9 = 90	57)	4 × 8 = 32	58)	6 × 3 = 18	59)	11 × 12 = 132	60)	12 × 9 = 108

Day 78

#	Problem	#	Problem	#	Problem	#	Problem	#	Problem	#	Problem
1)	3 × 7 = 21	2)	10 × 3 = 30	3)	5 × 7 = 35	4)	11 × 4 = 44	5)	6 × 10 = 60	6)	10 × 10 = 100
7)	3 × 1 = 3	8)	9 × 9 = 81	9)	1 × 3 = 3	10)	12 × 11 = 132	11)	12 × 9 = 108	12)	4 × 8 = 32
13)	5 × 2 = 10	14)	12 × 10 = 120	15)	5 × 9 = 45	16)	10 × 7 = 70	17)	3 × 10 = 30	18)	6 × 1 = 6
19)	8 × 12 = 96	20)	9 × 2 = 18	21)	10 × 11 = 110	22)	11 × 11 = 121	23)	9 × 12 = 108	24)	3 × 7 = 21
25)	5 × 3 = 15	26)	4 × 3 = 12	27)	9 × 6 = 54	28)	7 × 9 = 63	29)	3 × 7 = 21	30)	8 × 7 = 56
31)	12 × 10 = 120	32)	2 × 11 = 22	33)	5 × 9 = 45	34)	8 × 7 = 56	35)	10 × 12 = 120	36)	12 × 11 = 132
37)	4 × 1 = 4	38)	3 × 11 = 33	39)	3 × 2 = 6	40)	5 × 3 = 15	41)	8 × 8 = 64	42)	5 × 4 = 20
43)	4 × 5 = 20	44)	9 × 12 = 108	45)	5 × 7 = 35	46)	1 × 8 = 8	47)	9 × 4 = 36	48)	8 × 11 = 88
49)	8 × 10 = 80	50)	3 × 4 = 12	51)	4 × 6 = 24	52)	8 × 6 = 48	53)	8 × 5 = 40	54)	8 × 5 = 40
55)	11 × 4 = 44	56)	1 × 9 = 9	57)	9 × 11 = 99	58)	8 × 12 = 96	59)	6 × 2 = 12	60)	12 × 7 = 84

Day 79

#	Problem	#	Problem	#	Problem	#	Problem	#	Problem	#	Problem
1)	7 × 3 = 21	2)	12 × 8 = 96	3)	3 × 7 = 21	4)	4 × 10 = 40	5)	6 × 1 = 6	6)	12 × 8 = 96
7)	3 × 10 = 30	8)	5 × 5 = 25	9)	12 × 5 = 60	10)	7 × 6 = 42	11)	11 × 5 = 55	12)	9 × 4 = 36
13)	7 × 3 = 21	14)	11 × 5 = 55	15)	2 × 3 = 6	16)	5 × 12 = 60	17)	8 × 6 = 48	18)	5 × 5 = 25
19)	6 × 5 = 30	20)	11 × 7 = 77	21)	6 × 6 = 36	22)	8 × 3 = 24	23)	4 × 1 = 4	24)	9 × 8 = 72
25)	6 × 9 = 54	26)	12 × 12 = 144	27)	10 × 1 = 10	28)	1 × 4 = 4	29)	9 × 9 = 81	30)	11 × 7 = 77
31)	1 × 11 = 11	32)	1 × 7 = 7	33)	9 × 11 = 99	34)	2 × 3 = 6	35)	11 × 9 = 99	36)	12 × 6 = 72
37)	3 × 1 = 3	38)	9 × 11 = 99	39)	12 × 6 = 72	40)	4 × 9 = 36	41)	2 × 12 = 24	42)	6 × 11 = 66
43)	3 × 7 = 21	44)	10 × 4 = 40	45)	8 × 12 = 96	46)	6 × 10 = 60	47)	8 × 11 = 88	48)	9 × 7 = 63
49)	2 × 5 = 10	50)	6 × 2 = 12	51)	5 × 3 = 15	52)	10 × 5 = 50	53)	7 × 4 = 28	54)	1 × 7 = 7
55)	1 × 9 = 9	56)	5 × 12 = 60	57)	12 × 4 = 48	58)	1 × 11 = 11	59)	9 × 6 = 54	60)	12 × 10 = 120

Day 80

#	Problem	#	Problem	#	Problem	#	Problem	#	Problem	#	Problem
1)	1 × 8 = 8	2)	10 × 7 = 70	3)	2 × 9 = 18	4)	9 × 11 = 99	5)	4 × 3 = 12	6)	1 × 8 = 8
7)	2 × 6 = 12	8)	3 × 9 = 27	9)	10 × 9 = 90	10)	5 × 5 = 25	11)	5 × 1 = 5	12)	3 × 4 = 12
13)	8 × 6 = 48	14)	10 × 5 = 50	15)	7 × 2 = 14	16)	7 × 7 = 49	17)	6 × 8 = 48	18)	8 × 11 = 88
19)	8 × 2 = 16	20)	6 × 2 = 12	21)	6 × 9 = 54	22)	6 × 12 = 72	23)	9 × 5 = 45	24)	10 × 4 = 40
25)	9 × 12 = 108	26)	3 × 3 = 9	27)	5 × 6 = 30	28)	5 × 1 = 5	29)	6 × 1 = 6	30)	4 × 1 = 4
31)	10 × 12 = 120	32)	1 × 11 = 11	33)	5 × 2 = 10	34)	9 × 1 = 9	35)	12 × 11 = 132	36)	11 × 2 = 22
37)	5 × 7 = 35	38)	8 × 1 = 8	39)	7 × 1 = 7	40)	9 × 10 = 90	41)	5 × 11 = 55	42)	11 × 7 = 77
43)	12 × 10 = 120	44)	9 × 6 = 54	45)	10 × 5 = 50	46)	3 × 9 = 27	47)	12 × 5 = 60	48)	4 × 8 = 32
49)	7 × 10 = 70	50)	3 × 5 = 15	51)	5 × 6 = 30	52)	6 × 2 = 12	53)	9 × 7 = 63	54)	8 × 11 = 88
55)	11 × 12 = 132	56)	2 × 9 = 18	57)	1 × 5 = 5	58)	8 × 7 = 56	59)	6 × 11 = 66	60)	6 × 9 = 54

Day 81

1) 4 × 9 = 36
2) 3 × 7 = 21
3) 3 × 3 = 9
4) 6 × 3 = 18
5) 11 × 10 = 110
6) 5 × 1 = 5
7) 4 × 5 = 20
8) 9 × 9 = 81
9) 12 × 7 = 84
10) 12 × 9 = 108
11) 1 × 9 = 9
12) 6 × 9 = 54
13) 5 × 2 = 10
14) 9 × 10 = 90
15) 8 × 7 = 56
16) 5 × 4 = 20
17) 5 × 7 = 35
18) 8 × 12 = 96
19) 10 × 4 = 40
20) 10 × 4 = 40
21) 7 × 11 = 77
22) 9 × 7 = 63
23) 3 × 12 = 36
24) 4 × 8 = 32
25) 5 × 11 = 55
26) 2 × 7 = 14
27) 1 × 4 = 4
28) 12 × 11 = 132
29) 9 × 5 = 45
30) 7 × 8 = 56
31) 10 × 5 = 50
32) 1 × 9 = 9
33) 1 × 5 = 5
34) 12 × 12 = 144
35) 7 × 7 = 49
36) 8 × 11 = 88
37) 5 × 2 = 10
38) 3 × 8 = 24
39) 3 × 2 = 6
40) 4 × 3 = 12
41) 12 × 1 = 12
42) 9 × 1 = 9
43) 2 × 1 = 2
44) 9 × 12 = 108
45) 10 × 3 = 30
46) 6 × 11 = 66
47) 2 × 3 = 6
48) 1 × 2 = 2
49) 10 × 6 = 60
50) 4 × 2 = 8
51) 10 × 2 = 20
52) 7 × 12 = 84
53) 8 × 11 = 88
54) 2 × 7 = 14
55) 4 × 4 = 16
56) 6 × 9 = 54
57) 2 × 5 = 10
58) 12 × 4 = 48
59) 1 × 5 = 5
60) 1 × 11 = 11

Day 82

1) 2 × 4 = 8
2) 6 × 5 = 30
3) 3 × 5 = 15
4) 4 × 1 = 4
5) 1 × 7 = 7
6) 7 × 5 = 35
7) 2 × 3 = 6
8) 1 × 5 = 5
9) 7 × 8 = 56
10) 7 × 4 = 28
11) 12 × 12 = 144
12) 2 × 7 = 14
13) 3 × 6 = 18
14) 11 × 9 = 99
15) 6 × 11 = 66
16) 1 × 1 = 1
17) 2 × 6 = 12
18) 11 × 7 = 77
19) 5 × 4 = 20
20) 10 × 12 = 120
21) 7 × 3 = 21
22) 1 × 8 = 8
23) 3 × 12 = 36
24) 5 × 5 = 25
25) 1 × 7 = 7
26) 11 × 1 = 11
27) 9 × 6 = 54
28) 10 × 9 = 90
29) 10 × 9 = 90
30) 10 × 5 = 50
31) 3 × 12 = 36
32) 2 × 3 = 6
33) 7 × 4 = 28
34) 1 × 3 = 3
35) 4 × 10 = 40
36) 7 × 9 = 63
37) 10 × 4 = 40
38) 12 × 10 = 120
39) 11 × 8 = 88
40) 4 × 1 = 4
41) 4 × 4 = 16
42) 4 × 3 = 12
43) 4 × 10 = 40
44) 6 × 5 = 30
45) 5 × 8 = 40
46) 4 × 10 = 40
47) 12 × 12 = 144
48) 5 × 6 = 30
49) 9 × 12 = 108
50) 11 × 2 = 22
51) 6 × 12 = 72
52) 6 × 7 = 42
53) 7 × 6 = 42
54) 10 × 3 = 30
55) 8 × 8 = 64
56) 6 × 7 = 42
57) 11 × 2 = 22
58) 12 × 5 = 60
59) 4 × 6 = 24
60) 9 × 2 = 18

Day 83

1) 6 × 10 = 60
2) 8 × 12 = 96
3) 7 × 1 = 7
4) 9 × 1 = 9
5) 8 × 4 = 32
6) 1 × 1 = 1
7) 1 × 6 = 6
8) 3 × 5 = 15
9) 2 × 12 = 24
10) 2 × 5 = 10
11) 10 × 7 = 70
12) 5 × 3 = 15
13) 1 × 3 = 3
14) 4 × 10 = 40
15) 2 × 4 = 8
16) 7 × 7 = 49
17) 8 × 12 = 96
18) 1 × 11 = 11
19) 10 × 1 = 10
20) 5 × 8 = 40
21) 10 × 8 = 80
22) 12 × 8 = 96
23) 5 × 2 = 10
24) 7 × 4 = 28
25) 12 × 6 = 72
26) 8 × 10 = 80
27) 4 × 11 = 44
28) 11 × 2 = 22
29) 12 × 10 = 120
30) 12 × 1 = 12
31) 9 × 5 = 45
32) 11 × 12 = 132
33) 8 × 8 = 64
34) 12 × 10 = 120
35) 8 × 7 = 56
36) 8 × 5 = 40
37) 10 × 12 = 120
38) 3 × 7 = 21
39) 2 × 3 = 6
40) 12 × 6 = 72
41) 11 × 2 = 22
42) 8 × 3 = 24
43) 5 × 12 = 60
44) 1 × 3 = 3
45) 3 × 6 = 18
46) 8 × 5 = 40
47) 12 × 10 = 120
48) 4 × 6 = 24
49) 8 × 5 = 40
50) 10 × 12 = 120
51) 8 × 1 = 8
52) 10 × 4 = 40
53) 11 × 4 = 44
54) 7 × 6 = 42
55) 2 × 3 = 6
56) 4 × 4 = 16
57) 7 × 2 = 14
58) 10 × 8 = 80
59) 12 × 12 = 144
60) 3 × 4 = 12

Day 84

1) 8 × 7 = 56
2) 1 × 8 = 8
3) 3 × 1 = 3
4) 11 × 1 = 11
5) 5 × 6 = 30
6) 11 × 6 = 66
7) 2 × 3 = 6
8) 9 × 11 = 99
9) 6 × 9 = 54
10) 12 × 2 = 24
11) 7 × 8 = 56
12) 11 × 4 = 44
13) 12 × 2 = 24
14) 2 × 11 = 22
15) 7 × 2 = 14
16) 3 × 2 = 6
17) 3 × 12 = 36
18) 10 × 5 = 50
19) 2 × 2 = 4
20) 4 × 3 = 12
21) 3 × 5 = 15
22) 5 × 6 = 30
23) 9 × 3 = 27
24) 12 × 5 = 60
25) 8 × 5 = 40
26) 11 × 5 = 55
27) 12 × 11 = 132
28) 8 × 3 = 24
29) 12 × 12 = 144
30) 12 × 10 = 120
31) 12 × 6 = 72
32) 4 × 11 = 44
33) 4 × 12 = 48
34) 9 × 2 = 18
35) 9 × 12 = 108
36) 2 × 9 = 18
37) 1 × 3 = 3
38) 1 × 9 = 9
39) 8 × 5 = 40
40) 3 × 12 = 36
41) 1 × 2 = 2
42) 8 × 9 = 72
43) 8 × 2 = 16
44) 1 × 5 = 5
45) 6 × 2 = 12
46) 2 × 11 = 22
47) 1 × 3 = 3
48) 1 × 1 = 1
49) 10 × 4 = 40
50) 5 × 5 = 25
51) 5 × 1 = 5
52) 8 × 1 = 8
53) 4 × 12 = 48
54) 12 × 4 = 48
55) 10 × 3 = 30
56) 5 × 4 = 20
57) 10 × 3 = 30
58) 5 × 12 = 60
59) 4 × 7 = 28
60) 7 × 8 = 56

Day 85

#	Problem	#	Problem	#	Problem	#	Problem	#	Problem	#	Problem
1)	5 × 1 = 5	2)	9 × 9 = 81	3)	11 × 5 = 55	4)	2 × 3 = 6	5)	7 × 12 = 84	6)	10 × 9 = 90
7)	1 × 7 = 7	8)	7 × 5 = 35	9)	1 × 8 = 8	10)	5 × 12 = 60	11)	9 × 9 = 81	12)	1 × 4 = 4
13)	4 × 2 = 8	14)	8 × 4 = 32	15)	10 × 8 = 80	16)	11 × 4 = 44	17)	9 × 8 = 72	18)	2 × 9 = 18
19)	10 × 10 = 100	20)	6 × 9 = 54	21)	4 × 12 = 48	22)	9 × 9 = 81	23)	9 × 10 = 90	24)	2 × 8 = 16
25)	9 × 1 = 9	26)	3 × 9 = 27	27)	11 × 8 = 88	28)	12 × 4 = 48	29)	4 × 12 = 48	30)	7 × 2 = 14
31)	4 × 7 = 28	32)	12 × 12 = 144	33)	12 × 7 = 84	34)	7 × 1 = 7	35)	6 × 10 = 60	36)	9 × 11 = 99
37)	11 × 6 = 66	38)	5 × 3 = 15	39)	10 × 5 = 50	40)	8 × 11 = 88	41)	3 × 6 = 18	42)	11 × 5 = 55
43)	6 × 1 = 6	44)	11 × 3 = 33	45)	3 × 7 = 21	46)	11 × 1 = 11	47)	8 × 9 = 72	48)	9 × 4 = 36
49)	2 × 2 = 4	50)	12 × 10 = 120	51)	7 × 8 = 56	52)	6 × 9 = 54	53)	8 × 4 = 32	54)	1 × 11 = 11
55)	12 × 5 = 60	56)	2 × 2 = 4	57)	12 × 10 = 120	58)	5 × 12 = 60	59)	1 × 4 = 4	60)	7 × 3 = 21

Day 86

#	Problem	#	Problem	#	Problem	#	Problem	#	Problem	#	Problem
1)	2 × 6 = 12	2)	7 × 3 = 21	3)	1 × 1 = 1	4)	12 × 2 = 24	5)	5 × 10 = 50	6)	6 × 9 = 54
7)	7 × 4 = 28	8)	5 × 4 = 20	9)	3 × 6 = 18	10)	9 × 12 = 108	11)	7 × 5 = 35	12)	5 × 6 = 30
13)	6 × 10 = 60	14)	11 × 8 = 88	15)	6 × 5 = 30	16)	3 × 10 = 30	17)	8 × 6 = 48	18)	4 × 2 = 8
19)	3 × 1 = 3	20)	1 × 8 = 8	21)	5 × 3 = 15	22)	6 × 7 = 42	23)	4 × 11 = 44	24)	2 × 10 = 20
25)	6 × 5 = 30	26)	10 × 6 = 60	27)	11 × 7 = 77	28)	3 × 4 = 12	29)	3 × 1 = 3	30)	5 × 3 = 15
31)	8 × 4 = 32	32)	7 × 6 = 42	33)	7 × 8 = 56	34)	2 × 12 = 24	35)	8 × 7 = 56	36)	5 × 11 = 55
37)	8 × 12 = 96	38)	12 × 10 = 120	39)	9 × 6 = 54	40)	12 × 7 = 84	41)	3 × 9 = 27	42)	10 × 5 = 50
43)	11 × 6 = 66	44)	10 × 1 = 10	45)	5 × 8 = 40	46)	11 × 9 = 99	47)	11 × 10 = 110	48)	9 × 10 = 90
49)	2 × 11 = 22	50)	2 × 5 = 10	51)	4 × 2 = 8	52)	2 × 6 = 12	53)	8 × 8 = 64	54)	5 × 4 = 20
55)	5 × 2 = 10	56)	4 × 2 = 8	57)	9 × 11 = 99	58)	2 × 8 = 16	59)	9 × 12 = 108	60)	12 × 7 = 84

Day 87

#	Problem	#	Problem	#	Problem	#	Problem	#	Problem	#	Problem
1)	12 × 11 = 132	2)	5 × 2 = 10	3)	8 × 11 = 88	4)	10 × 2 = 20	5)	11 × 9 = 99	6)	8 × 2 = 16
7)	8 × 4 = 32	8)	11 × 9 = 99	9)	7 × 10 = 70	10)	9 × 10 = 90	11)	2 × 10 = 20	12)	10 × 6 = 60
13)	12 × 8 = 96	14)	10 × 6 = 60	15)	3 × 1 = 3	16)	4 × 3 = 12	17)	5 × 6 = 30	18)	2 × 8 = 16
19)	1 × 8 = 8	20)	11 × 7 = 77	21)	5 × 9 = 45	22)	6 × 6 = 36	23)	9 × 8 = 72	24)	6 × 2 = 12
25)	8 × 6 = 48	26)	6 × 9 = 54	27)	11 × 12 = 132	28)	12 × 7 = 84	29)	6 × 10 = 60	30)	10 × 8 = 80
31)	10 × 2 = 20	32)	10 × 2 = 20	33)	1 × 3 = 3	34)	8 × 9 = 72	35)	11 × 8 = 88	36)	7 × 10 = 70
37)	2 × 1 = 2	38)	1 × 4 = 4	39)	6 × 2 = 12	40)	12 × 1 = 12	41)	4 × 9 = 36	42)	12 × 10 = 120
43)	2 × 4 = 8	44)	8 × 5 = 40	45)	4 × 7 = 28	46)	2 × 4 = 8	47)	6 × 7 = 42	48)	7 × 7 = 49
49)	12 × 9 = 108	50)	11 × 5 = 55	51)	3 × 1 = 3	52)	10 × 3 = 30	53)	5 × 5 = 25	54)	6 × 8 = 48
55)	8 × 5 = 40	56)	12 × 11 = 132	57)	4 × 6 = 24	58)	2 × 11 = 22	59)	2 × 6 = 12	60)	2 × 5 = 10

Day 88

#	Problem	#	Problem	#	Problem	#	Problem	#	Problem	#	Problem
1)	2 × 12 = 24	2)	9 × 9 = 81	3)	1 × 7 = 7	4)	6 × 9 = 54	5)	3 × 2 = 6	6)	3 × 12 = 36
7)	3 × 1 = 3	8)	8 × 8 = 64	9)	3 × 8 = 24	10)	9 × 3 = 27	11)	3 × 12 = 36	12)	10 × 12 = 120
13)	10 × 9 = 90	14)	4 × 10 = 40	15)	6 × 7 = 42	16)	5 × 12 = 60	17)	6 × 7 = 42	18)	2 × 10 = 20
19)	3 × 12 = 36	20)	8 × 5 = 40	21)	12 × 12 = 144	22)	6 × 4 = 24	23)	8 × 4 = 32	24)	1 × 12 = 12
25)	10 × 11 = 110	26)	12 × 5 = 60	27)	10 × 5 = 50	28)	5 × 10 = 50	29)	4 × 4 = 16	30)	10 × 10 = 100
31)	5 × 10 = 50	32)	2 × 8 = 16	33)	4 × 1 = 4	34)	1 × 12 = 12	35)	10 × 12 = 120	36)	11 × 2 = 22
37)	8 × 7 = 56	38)	4 × 12 = 48	39)	2 × 5 = 10	40)	12 × 3 = 36	41)	4 × 2 = 8	42)	1 × 10 = 10
43)	9 × 7 = 63	44)	6 × 5 = 30	45)	7 × 1 = 7	46)	2 × 1 = 2	47)	2 × 10 = 20	48)	10 × 8 = 80
49)	5 × 2 = 10	50)	1 × 12 = 12	51)	7 × 11 = 77	52)	5 × 8 = 40	53)	10 × 8 = 80	54)	12 × 4 = 48
55)	6 × 11 = 66	56)	2 × 7 = 14	57)	10 × 6 = 60	58)	5 × 4 = 20	59)	1 × 6 = 6	60)	8 × 7 = 56

Day 89

1) 9 × 3 = 27
2) 8 × 12 = 96
3) 8 × 10 = 80
4) 6 × 7 = 42
5) 6 × 5 = 30
6) 5 × 10 = 50
7) 5 × 7 = 35
8) 4 × 2 = 8
9) 2 × 7 = 14
10) 6 × 10 = 60
11) 4 × 4 = 16
12) 9 × 2 = 18
13) 11 × 6 = 66
14) 6 × 6 = 36
15) 8 × 1 = 8
16) 4 × 7 = 28
17) 3 × 10 = 30
18) 3 × 4 = 12
19) 6 × 3 = 18
20) 12 × 6 = 72
21) 3 × 5 = 15
22) 6 × 7 = 42
23) 11 × 2 = 22
24) 2 × 12 = 24
25) 5 × 2 = 10
26) 4 × 2 = 8
27) 1 × 7 = 7
28) 10 × 6 = 60
29) 3 × 11 = 33
30) 4 × 10 = 40
31) 11 × 10 = 110
32) 11 × 3 = 33
33) 2 × 7 = 14
34) 9 × 3 = 27
35) 6 × 2 = 12
36) 6 × 12 = 72
37) 8 × 2 = 16
38) 9 × 8 = 72
39) 12 × 5 = 60
40) 9 × 1 = 9
41) 9 × 5 = 45
42) 7 × 10 = 70
43) 2 × 8 = 16
44) 5 × 11 = 55
45) 5 × 7 = 35
46) 8 × 5 = 40
47) 5 × 7 = 35
48) 5 × 9 = 45
49) 11 × 8 = 88
50) 6 × 11 = 66
51) 11 × 11 = 121
52) 8 × 7 = 56
53) 7 × 11 = 77
54) 1 × 2 = 2
55) 7 × 7 = 49
56) 3 × 12 = 36
57) 5 × 2 = 10
58) 10 × 3 = 30
59) 9 × 7 = 63
60) 4 × 5 = 20

Day 90

1) 12 × 4 = 48
2) 7 × 10 = 70
3) 1 × 2 = 2
4) 8 × 10 = 80
5) 8 × 12 = 96
6) 7 × 2 = 14
7) 11 × 5 = 55
8) 2 × 3 = 6
9) 8 × 10 = 80
10) 12 × 5 = 60
11) 8 × 9 = 72
12) 2 × 7 = 14
13) 9 × 5 = 45
14) 6 × 5 = 30
15) 4 × 11 = 44
16) 3 × 1 = 3
17) 2 × 6 = 12
18) 12 × 3 = 36
19) 8 × 1 = 8
20) 2 × 11 = 22
21) 6 × 12 = 72
22) 11 × 5 = 55
23) 11 × 4 = 44
24) 12 × 1 = 12
25) 7 × 5 = 35
26) 1 × 2 = 2
27) 5 × 11 = 55
28) 9 × 2 = 18
29) 8 × 8 = 64
30) 6 × 5 = 30
31) 7 × 5 = 35
32) 6 × 5 = 30
33) 12 × 11 = 132
34) 11 × 3 = 33
35) 11 × 9 = 99
36) 7 × 10 = 70
37) 6 × 12 = 72
38) 7 × 6 = 42
39) 5 × 9 = 45
40) 1 × 2 = 2
41) 3 × 10 = 30
42) 5 × 6 = 30
43) 2 × 5 = 10
44) 11 × 2 = 22
45) 2 × 6 = 12
46) 4 × 4 = 16
47) 2 × 2 = 4
48) 4 × 10 = 40
49) 1 × 3 = 3
50) 2 × 6 = 12
51) 4 × 1 = 4
52) 3 × 6 = 18
53) 5 × 7 = 35
54) 12 × 11 = 132
55) 12 × 9 = 108
56) 2 × 5 = 10
57) 9 × 5 = 45
58) 7 × 10 = 70
59) 10 × 3 = 30
60) 1 × 12 = 12

Day 91

1) 12 × 9 = 108
2) 8 × 12 = 96
3) 11 × 4 = 44
4) 7 × 12 = 84
5) 6 × 3 = 18
6) 6 × 8 = 48
7) 11 × 7 = 77
8) 6 × 7 = 42
9) 12 × 9 = 108
10) 6 × 8 = 48
11) 5 × 10 = 50
12) 2 × 6 = 12
13) 6 × 10 = 60
14) 8 × 7 = 56
15) 3 × 4 = 12
16) 12 × 9 = 108
17) 9 × 7 = 63
18) 8 × 8 = 64
19) 1 × 12 = 12
20) 11 × 2 = 22
21) 2 × 3 = 6
22) 12 × 4 = 48
23) 6 × 7 = 42
24) 12 × 6 = 72
25) 11 × 4 = 44
26) 5 × 8 = 40
27) 1 × 9 = 9
28) 11 × 3 = 33
29) 9 × 8 = 72
30) 1 × 1 = 1
31) 11 × 10 = 110
32) 2 × 12 = 24
33) 2 × 12 = 24
34) 2 × 9 = 18
35) 3 × 8 = 24
36) 7 × 3 = 21
37) 2 × 9 = 18
38) 7 × 2 = 14
39) 11 × 3 = 33
40) 9 × 8 = 72
41) 1 × 3 = 3
42) 3 × 8 = 24
43) 11 × 9 = 99
44) 3 × 4 = 12
45) 7 × 4 = 28
46) 12 × 11 = 132
47) 12 × 3 = 36
48) 12 × 5 = 60
49) 12 × 7 = 84
50) 10 × 10 = 100
51) 10 × 4 = 40
52) 8 × 3 = 24
53) 7 × 4 = 28
54) 3 × 9 = 27
55) 9 × 3 = 27
56) 4 × 12 = 48
57) 3 × 11 = 33
58) 2 × 12 = 24
59) 2 × 8 = 16
60) 5 × 3 = 15

Day 92

1) 3 × 3 = 9
2) 11 × 5 = 55
3) 7 × 12 = 84
4) 12 × 10 = 120
5) 3 × 9 = 27
6) 3 × 10 = 30
7) 11 × 2 = 22
8) 5 × 2 = 10
9) 11 × 2 = 22
10) 12 × 12 = 144
11) 9 × 4 = 36
12) 9 × 2 = 18
13) 6 × 1 = 6
14) 7 × 1 = 7
15) 2 × 7 = 14
16) 3 × 10 = 30
17) 10 × 9 = 90
18) 11 × 12 = 132
19) 3 × 6 = 18
20) 7 × 1 = 7
21) 2 × 8 = 16
22) 1 × 9 = 9
23) 2 × 1 = 2
24) 11 × 10 = 110
25) 12 × 1 = 12
26) 7 × 5 = 35
27) 7 × 4 = 28
28) 3 × 6 = 18
29) 5 × 6 = 30
30) 2 × 2 = 4
31) 8 × 12 = 96
32) 1 × 4 = 4
33) 3 × 6 = 18
34) 7 × 9 = 63
35) 11 × 6 = 66
36) 9 × 12 = 108
37) 1 × 9 = 9
38) 3 × 10 = 30
39) 3 × 5 = 15
40) 7 × 3 = 21
41) 12 × 1 = 12
42) 12 × 4 = 48
43) 2 × 1 = 2
44) 4 × 5 = 20
45) 3 × 9 = 27
46) 11 × 4 = 44
47) 2 × 10 = 20
48) 6 × 12 = 72
49) 1 × 11 = 11
50) 9 × 12 = 108
51) 2 × 12 = 24
52) 4 × 10 = 40
53) 1 × 11 = 11
54) 4 × 3 = 12
55) 2 × 5 = 10
56) 6 × 12 = 72
57) 8 × 10 = 80
58) 9 × 2 = 18
59) 10 × 2 = 20
60) 9 × 11 = 99

Day 93

1) 5 × 1 = 5
2) 12 × 11 = 132
3) 12 × 12 = 144
4) 10 × 9 = 90
5) 3 × 6 = 18
6) 3 × 7 = 21
7) 8 × 6 = 48
8) 3 × 6 = 18
9) 8 × 11 = 88
10) 12 × 7 = 84
11) 12 × 2 = 24
12) 6 × 1 = 6
13) 4 × 7 = 28
14) 10 × 7 = 70
15) 10 × 8 = 80
16) 1 × 10 = 10
17) 3 × 12 = 36
18) 7 × 4 = 28
19) 11 × 12 = 132
20) 5 × 2 = 10
21) 9 × 7 = 63
22) 10 × 6 = 60
23) 12 × 10 = 120
24) 1 × 9 = 9
25) 7 × 11 = 77
26) 9 × 3 = 27
27) 1 × 3 = 3
28) 1 × 6 = 6
29) 8 × 2 = 16
30) 10 × 1 = 10
31) 9 × 11 = 99
32) 2 × 1 = 2
33) 2 × 8 = 16
34) 8 × 8 = 64
35) 6 × 2 = 12
36) 3 × 4 = 12
37) 10 × 8 = 80
38) 3 × 1 = 3
39) 4 × 7 = 28
40) 2 × 10 = 20
41) 10 × 7 = 70
42) 12 × 12 = 144
43) 7 × 4 = 28
44) 2 × 2 = 4
45) 8 × 2 = 16
46) 3 × 12 = 36
47) 9 × 3 = 27
48) 1 × 1 = 1
49) 1 × 8 = 8
50) 1 × 5 = 5
51) 7 × 1 = 7
52) 7 × 7 = 49
53) 2 × 12 = 24
54) 11 × 4 = 44
55) 3 × 9 = 27
56) 7 × 7 = 49
57) 6 × 12 = 72
58) 1 × 7 = 7
59) 3 × 6 = 18
60) 10 × 11 = 110

Day 94

1) 10 × 11 = 110
2) 2 × 8 = 16
3) 3 × 3 = 9
4) 2 × 8 = 16
5) 6 × 11 = 66
6) 4 × 4 = 16
7) 10 × 8 = 80
8) 7 × 7 = 49
9) 9 × 4 = 36
10) 11 × 7 = 77
11) 8 × 10 = 80
12) 11 × 1 = 11
13) 2 × 8 = 16
14) 7 × 6 = 42
15) 6 × 1 = 6
16) 9 × 5 = 45
17) 12 × 12 = 144
18) 11 × 2 = 22
19) 2 × 7 = 14
20) 5 × 12 = 60
21) 1 × 11 = 11
22) 9 × 2 = 18
23) 9 × 8 = 72
24) 8 × 4 = 32
25) 6 × 10 = 60
26) 2 × 6 = 12
27) 2 × 2 = 4
28) 6 × 10 = 60
29) 3 × 12 = 36
30) 2 × 2 = 4
31) 9 × 2 = 18
32) 6 × 4 = 24
33) 2 × 9 = 18
34) 1 × 12 = 12
35) 6 × 10 = 60
36) 1 × 11 = 11
37) 12 × 11 = 132
38) 12 × 7 = 84
39) 6 × 9 = 54
40) 1 × 8 = 8
41) 4 × 7 = 28
42) 5 × 3 = 15
43) 7 × 1 = 7
44) 11 × 7 = 77
45) 5 × 9 = 45
46) 6 × 7 = 42
47) 7 × 5 = 35
48) 11 × 3 = 33
49) 11 × 5 = 55
50) 8 × 6 = 48
51) 5 × 10 = 50
52) 5 × 11 = 55
53) 1 × 7 = 7
54) 8 × 9 = 72
55) 10 × 10 = 100
56) 12 × 12 = 144
57) 2 × 6 = 12
58) 4 × 4 = 16
59) 4 × 6 = 24
60) 10 × 10 = 100

Day 95

1) 12 × 2 = 24
2) 7 × 12 = 84
3) 7 × 8 = 56
4) 12 × 7 = 84
5) 5 × 1 = 5
6) 2 × 12 = 24
7) 7 × 3 = 21
8) 3 × 10 = 30
9) 6 × 2 = 12
10) 3 × 10 = 30
11) 12 × 5 = 60
12) 3 × 8 = 24
13) 11 × 1 = 11
14) 6 × 4 = 24
15) 12 × 10 = 120
16) 11 × 9 = 99
17) 4 × 1 = 4
18) 7 × 7 = 49
19) 1 × 11 = 11
20) 12 × 10 = 120
21) 9 × 10 = 90
22) 5 × 1 = 5
23) 4 × 9 = 36
24) 12 × 3 = 36
25) 1 × 1 = 1
26) 3 × 4 = 12
27) 2 × 3 = 6
28) 11 × 6 = 66
29) 1 × 9 = 9
30) 7 × 9 = 63
31) 12 × 8 = 96
32) 3 × 1 = 3
33) 10 × 1 = 10
34) 10 × 11 = 110
35) 8 × 10 = 80
36) 12 × 11 = 132
37) 1 × 5 = 5
38) 2 × 11 = 22
39) 11 × 9 = 99
40) 12 × 10 = 120
41) 10 × 6 = 60
42) 1 × 3 = 3
43) 1 × 3 = 3
44) 9 × 6 = 54
45) 4 × 7 = 28
46) 8 × 5 = 40
47) 4 × 2 = 8
48) 2 × 5 = 10
49) 4 × 4 = 16
50) 12 × 6 = 72
51) 9 × 5 = 45
52) 2 × 5 = 10
53) 5 × 4 = 20
54) 7 × 9 = 63
55) 11 × 1 = 11
56) 1 × 5 = 5
57) 1 × 12 = 12
58) 3 × 5 = 15
59) 3 × 1 = 3
60) 6 × 11 = 66

Day 96

1) 4 × 2 = 8
2) 7 × 3 = 21
3) 5 × 2 = 10
4) 11 × 5 = 55
5) 2 × 3 = 6
6) 3 × 12 = 36
7) 2 × 10 = 20
8) 3 × 1 = 3
9) 10 × 12 = 120
10) 3 × 6 = 18
11) 4 × 12 = 48
12) 12 × 3 = 36
13) 8 × 4 = 32
14) 9 × 2 = 18
15) 2 × 5 = 10
16) 9 × 2 = 18
17) 1 × 6 = 6
18) 11 × 6 = 66
19) 9 × 3 = 27
20) 8 × 11 = 88
21) 10 × 11 = 110
22) 11 × 4 = 44
23) 7 × 2 = 14
24) 12 × 1 = 12
25) 11 × 12 = 132
26) 11 × 11 = 121
27) 2 × 2 = 4
28) 2 × 2 = 4
29) 9 × 6 = 54
30) 7 × 5 = 35
31) 7 × 2 = 14
32) 1 × 1 = 1
33) 6 × 1 = 6
34) 10 × 3 = 30
35) 3 × 7 = 21
36) 4 × 12 = 48
37) 10 × 10 = 100
38) 9 × 1 = 9
39) 5 × 12 = 60
40) 11 × 11 = 121
41) 7 × 10 = 70
42) 10 × 8 = 80
43) 3 × 2 = 6
44) 3 × 3 = 9
45) 9 × 11 = 99
46) 4 × 9 = 36
47) 1 × 7 = 7
48) 5 × 10 = 50
49) 1 × 12 = 12
50) 7 × 12 = 84
51) 11 × 4 = 44
52) 1 × 6 = 6
53) 10 × 9 = 90
54) 2 × 10 = 20
55) 4 × 6 = 24
56) 4 × 11 = 44
57) 12 × 12 = 144
58) 8 × 4 = 32
59) 6 × 10 = 60
60) 11 × 5 = 55

Day 97

#	Problem	#	Problem	#	Problem	#	Problem	#	Problem	#	Problem
1)	4 × 4 = 16	2)	5 × 12 = 60	3)	8 × 11 = 88	4)	10 × 6 = 60	5)	3 × 10 = 30	6)	3 × 7 = 21
7)	8 × 9 = 72	8)	5 × 6 = 30	9)	8 × 6 = 48	10)	11 × 6 = 66	11)	3 × 2 = 6	12)	5 × 7 = 35
13)	1 × 2 = 2	14)	8 × 12 = 96	15)	10 × 6 = 60	16)	12 × 1 = 12	17)	1 × 8 = 8	18)	7 × 6 = 42
19)	6 × 9 = 54	20)	1 × 9 = 9	21)	8 × 10 = 80	22)	11 × 8 = 88	23)	9 × 4 = 36	24)	8 × 5 = 40
25)	5 × 8 = 40	26)	8 × 8 = 64	27)	8 × 2 = 16	28)	5 × 11 = 55	29)	2 × 4 = 8	30)	11 × 6 = 66
31)	7 × 1 = 7	32)	7 × 4 = 28	33)	2 × 8 = 16	34)	5 × 6 = 30	35)	7 × 3 = 21	36)	9 × 9 = 81
37)	4 × 6 = 24	38)	7 × 1 = 7	39)	8 × 6 = 48	40)	4 × 6 = 24	41)	3 × 2 = 6	42)	5 × 5 = 25
43)	8 × 4 = 32	44)	4 × 12 = 48	45)	11 × 10 = 110	46)	4 × 2 = 8	47)	6 × 1 = 6	48)	8 × 1 = 8
49)	3 × 2 = 6	50)	9 × 3 = 27	51)	10 × 7 = 70	52)	11 × 12 = 132	53)	10 × 9 = 90	54)	1 × 7 = 7
55)	12 × 9 = 108	56)	12 × 2 = 24	57)	5 × 4 = 20	58)	12 × 11 = 132	59)	10 × 5 = 50	60)	1 × 6 = 6

Day 98

#	Problem	#	Problem	#	Problem	#	Problem	#	Problem	#	Problem
1)	1 × 3 = 3	2)	11 × 8 = 88	3)	4 × 10 = 40	4)	4 × 7 = 28	5)	12 × 12 = 144	6)	2 × 1 = 2
7)	6 × 4 = 24	8)	2 × 5 = 10	9)	11 × 11 = 121	10)	11 × 11 = 121	11)	5 × 3 = 15	12)	5 × 8 = 40
13)	8 × 12 = 96	14)	2 × 2 = 4	15)	4 × 8 = 32	16)	4 × 9 = 36	17)	12 × 11 = 132	18)	1 × 9 = 9
19)	4 × 2 = 8	20)	1 × 5 = 5	21)	4 × 5 = 20	22)	3 × 5 = 15	23)	4 × 6 = 24	24)	8 × 2 = 16
25)	8 × 6 = 48	26)	4 × 6 = 24	27)	4 × 10 = 40	28)	7 × 5 = 35	29)	12 × 9 = 108	30)	1 × 4 = 4
31)	9 × 9 = 81	32)	10 × 11 = 110	33)	8 × 2 = 16	34)	11 × 6 = 66	35)	8 × 1 = 8	36)	6 × 4 = 24
37)	9 × 4 = 36	38)	10 × 9 = 90	39)	9 × 7 = 63	40)	4 × 5 = 20	41)	8 × 5 = 40	42)	3 × 5 = 15
43)	7 × 2 = 14	44)	5 × 4 = 20	45)	6 × 2 = 12	46)	8 × 11 = 88	47)	5 × 11 = 55	48)	2 × 4 = 8
49)	5 × 3 = 15	50)	9 × 1 = 9	51)	7 × 3 = 21	52)	11 × 3 = 33	53)	5 × 9 = 45	54)	11 × 9 = 99
55)	3 × 6 = 18	56)	2 × 6 = 12	57)	4 × 10 = 40	58)	11 × 7 = 77	59)	5 × 3 = 15	60)	3 × 12 = 36

Day 99

#	Problem	#	Problem	#	Problem	#	Problem	#	Problem	#	Problem
1)	10 × 7 = 70	2)	3 × 7 = 21	3)	5 × 6 = 30	4)	8 × 5 = 40	5)	3 × 3 = 9	6)	7 × 2 = 14
7)	4 × 11 = 44	8)	3 × 1 = 3	9)	6 × 6 = 36	10)	3 × 1 = 3	11)	12 × 1 = 12	12)	12 × 5 = 60
13)	7 × 2 = 14	14)	3 × 9 = 27	15)	11 × 11 = 121	16)	7 × 9 = 63	17)	4 × 1 = 4	18)	1 × 8 = 8
19)	7 × 5 = 35	20)	4 × 1 = 4	21)	2 × 11 = 22	22)	8 × 12 = 96	23)	10 × 4 = 40	24)	9 × 8 = 72
25)	2 × 10 = 20	26)	1 × 1 = 1	27)	2 × 1 = 2	28)	7 × 12 = 84	29)	12 × 12 = 144	30)	10 × 5 = 50
31)	1 × 12 = 12	32)	9 × 5 = 45	33)	1 × 3 = 3	34)	6 × 7 = 42	35)	6 × 8 = 48	36)	7 × 11 = 77
37)	12 × 6 = 72	38)	3 × 1 = 3	39)	11 × 3 = 33	40)	10 × 4 = 40	41)	4 × 12 = 48	42)	3 × 3 = 9
43)	1 × 11 = 11	44)	1 × 4 = 4	45)	10 × 6 = 60	46)	4 × 2 = 8	47)	7 × 7 = 49	48)	1 × 12 = 12
49)	9 × 1 = 9	50)	5 × 2 = 10	51)	2 × 6 = 12	52)	8 × 4 = 32	53)	1 × 8 = 8	54)	8 × 1 = 8
55)	5 × 3 = 15	56)	6 × 3 = 18	57)	9 × 4 = 36	58)	3 × 6 = 18	59)	11 × 9 = 99	60)	8 × 9 = 72

Day 100

#	Problem	#	Problem	#	Problem	#	Problem	#	Problem	#	Problem
1)	11 × 12 = 132	2)	10 × 4 = 40	3)	12 × 10 = 120	4)	12 × 2 = 24	5)	12 × 3 = 36	6)	3 × 10 = 30
7)	7 × 6 = 42	8)	5 × 5 = 25	9)	1 × 11 = 11	10)	2 × 3 = 6	11)	12 × 11 = 132	12)	11 × 8 = 88
13)	5 × 5 = 25	14)	4 × 11 = 44	15)	10 × 8 = 80	16)	2 × 2 = 4	17)	9 × 10 = 90	18)	6 × 1 = 6
19)	1 × 10 = 10	20)	7 × 8 = 56	21)	6 × 9 = 54	22)	6 × 1 = 6	23)	7 × 5 = 35	24)	3 × 6 = 18
25)	11 × 12 = 132	26)	9 × 11 = 99	27)	6 × 7 = 42	28)	6 × 1 = 6	29)	7 × 12 = 84	30)	4 × 5 = 20
31)	7 × 6 = 42	32)	4 × 2 = 8	33)	5 × 8 = 40	34)	9 × 10 = 90	35)	9 × 12 = 108	36)	10 × 12 = 120
37)	6 × 3 = 18	38)	7 × 8 = 56	39)	7 × 11 = 77	40)	2 × 1 = 2	41)	7 × 8 = 56	42)	5 × 1 = 5
43)	11 × 6 = 66	44)	8 × 7 = 56	45)	3 × 9 = 27	46)	6 × 9 = 54	47)	6 × 1 = 6	48)	4 × 10 = 40
49)	10 × 1 = 10	50)	1 × 10 = 10	51)	10 × 9 = 90	52)	10 × 1 = 10	53)	8 × 9 = 72	54)	11 × 7 = 77
55)	12 × 1 = 12	56)	6 × 7 = 42	57)	12 × 12 = 144	58)	2 × 12 = 24	59)	3 × 10 = 30	60)	12 × 12 = 144

Made in United States
Troutdale, OR
11/28/2023

15067043R00080